MIT KINDERN DURCH DAS KIRCHENJAHR

Zu diesem Buch

Mit Kindern bewußt und schöpferisch durch das Kirchenjahr zu gehen ist eine religionspädagogische Aufgabe, die vielerorts in Vergessenheit geraten ist. Viele Eltern, Erzieher und Lehrer sind unsicher geworden und haben ihre Schwierigkeiten im Umgang mit althergebrachten Formen religiösen Lebens. Dabei bieten alle Jahreszeiten Gelegenheiten, sein Leben an den gewachsenen Höhepunkten des Jahreslaufs zu orientieren, kirchliche Feste zu feiern und alte Bräuche wiederaufleben zu lassen.
Dieses Buch ist eine Fundgrube für alle, den Sinn und die Bedeutung kirchlicher Feste zu entdecken. Es führt durch den Jahreslauf, erzählt von den Ursprüngen und Besonderheiten der verschiedenen Feste und gibt zahlreiche Impulse, mit Kindern das Kirchenjahr kreativ zu erleben. Geschichten, Gedichte, Gebete und Lieder, von den Autoren eigens geschaffen, geben ihm darüber hinaus einen doppelt praktischen Wert: sie sollen dazu verführen, an alten Festen auch neue Sichtweisen für die heutige Zeit aufzuspüren.
Die Autoren bieten einen Leitfaden zur (Wieder-)Entdeckung jener Vielfalt und Festfreude, die in der Tradition des kirchlichen Kalenders verborgen ist.

THOMAS KLOCKE · JOHANNES THIELE

MIT KINDERN DURCH DAS KIRCHENJAHR

SINN UND BEDEUTUNG KIRCHLICHER FESTE

BECHTERMÜNZ VERLAG

Genehmigte Lizenzausgabe für
Weltbild Verlag GmbH, Augsburg 1998

Umschlaggestaltung: Georg Lehmacher/Friedberg
Illustrationen: Silvia Braunmüller
Gesamtherstellung: Ebner Ulm
Printed in Germany
ISBN 3-86047-460-X

Inhalt

Vorwort

Das Jahr erscheint mit seinen Zeiten
Wie eine Pracht, wo Feste sich verbreiten,
Der Menschen Tätigkeit beginnt mit neuem Ziele,
So sind die Zeichen in der Welt, der Wunder viele.

Friedrich Hölderlin

Ein Jahr – Winterzeit und Lichtertag, Narren und Osterfest, Freude an Brot und Wein, am steigenden Licht des Frühlings und am sich neigenden Abend des Herbstes, Namenstage und Familienfeiern –, die zwölf Monate sind reich an vielgestaltigen Festen, Feiern und Zeiten. Viele Feste sind kirchlichen Ursprungs, die meisten sogar heute noch ausgesprochene Kirchenfeste, und in ihnen wohnt so viel Zauber und Kraft zur Verwandlung des Lebens, daß man wehmütig darüber werden könnte, wie wenig sie im Bewußtsein vieler Zeitgenossen geblieben sind. Wenn man in alten Büchern und Kalendarien (und unvermuteterweise auch in älteren katechetischen Handreichungen) zu blättern und zu lesen beginnt, zeigt sich der Jahreskreis so farbenfroh und vielfältig, daß es zum Wiederentdecken von längst Vergessenem und immer Gefeiertem verlockt. Es stimmt traurig, wieviel an Festfreude, an Zeitbewußtsein, an heilsamer Spannung von Alltag und Fest heute verlorengegangen ist. Viele Menschen, vor allem in Städten und Stadtlandschaften, haben keine „innere Uhr" mehr, die ihnen eine Beziehung erlaubt, zu Natur und Jahreskreis, zur Freude und Selbstbestätigung, die in der alten Ordnung verborgen sind. Dabei sind die alten Feste des Kirchenjahres und des säkularen Kalenders, die vielen Bräuche und Sitten, so gerecht in der Achtung der Frauenarbeit, in den eigens den Kindern gewidmeten Festen, in der selbstverständlichen

Einbeziehung der Alten, daß sie zum erneuten Aufgreifen und Experimentieren geradezu auffordern.

In einer Zeit, die als säkularisiert bezeichnet wird und die dabei vielfach „religiös unmusikalisch" geworden ist, erleben viele Kinder (und Erwachsene) kaum noch etwas von dieser alten Ordnung, die sich in Jahreszeiten und Kirchenfesten widerspiegelt. Dabei gibt es zu allen Jahreszeiten und in allen Ländern und Regionen zahlreiche Gelegenheiten, sein Leben an den gewachsenen Höhepunkten des Jahreslaufs zu orientieren, kirchliche Feste zu feiern, alte Bräuche wiederaufleben zu lassen und zu pflegen.

Geblieben ist nach der Auslöschung des Mythos, nach der Bilderstürmerei und der Entsinnlichung des religiösen Lebens das Bedürfnis, den Lauf (und die Leere) des Alltags zu unterbrechen, Höhepunkte im Jahreskreis festlich zu markieren, mit Familie und Freunden feierliche Anlässe zu begehen. Geblieben ist in unserem rationalen Zeitalter doch die vielleicht nur noch verschwommen erahnte Bedeutung, die in der Gestaltung des religiösen Lebens mit Kopf, Herz und Hand wohnt und von der wir nicht wissen, wie wir sie wieder verlebendigen können. Geblieben ist auch der Wunsch, die eigene Entwicklung, die unverwechselbare und unaustauschbare Lebensgeschichte, sinnlich zu erfahren, die Sehnsucht nach Bildern, an denen diese Erfahrung symbolisch haften bleibt und die Erinnerungen wachhält.

Mit Kindern bewußt durch das Kirchenjahr zu gehen, das ist auch eine religionspädagogische Aufgabe, die vielerorts in Vergessenheit geraten ist. Man hat das Lernen der Religion oftmals ganz der Schule anvertraut und dic Einübung in den Glauben, wenn überhaupt noch, der Gemeinde. Viele Eltern sind unsicher geworden im Umgang mit ihrer eigenen Religion und mit ihrem Glaubensverständnis. Lautlos vollziehen sie den Auszug aus den selbstverständlichen Gewohnheiten religiösen Lebens, deren Sinn ihnen nicht mehr verständlich ist, aus den überkommenen und über Generationen tradierten Bräuchen und Mustern kollektiver

Erinnerung und Vergegenwärtigung. Diese an ihre Kinder weiterzugeben erscheint ihnen »unmöglich«.

Soviel es in diesem Buch auch um Erinnerungsfähigkeit und sinnliche Entdeckung geht, es will nicht nostalgisch sein. Es will der Vergewisserung eigenen religiösen Lebens dienen und wie sich dieses mit Kindern erschließen läßt. Es will Möglichkeiten aufzeigen, wie man bewußt nach der inneren Uhr durch ein Jahr gehen kann. Es will Anregungen geben, wie man neue und signifikante Erfahrungen machen kann, um die eigene verschüttete Religiosität wiederzubeleben. Es will schließlich auch religionspädagogische Akzente setzen, allerdings nicht in der Weise von ausgearbeiteten Modellen und Entwürfen zu einem möglichst zweckgebundenen Lernen, sondern in der Art von Einladung und Aufforderung, dem Leben das Experiment des Festes wiederzugeben.

Das Buch führt durch den kirchlichen Jahreslauf, erzählt von den Ursprüngen und Besonderheiten der verschiedenen Jahreszeiten und Feste und gibt Impulse, diese Feste und Zeiten mit Kindern neu zu entdecken. Geschichten, Gedichte, Gebete und Lieder geben diesem Buch einen doppelt praktischen Wert: sie sollen dazu verführen, an alten kirchlichen Festen für die heutige Zeit auch neue Dimensionen aufzuspüren*.

Das Buch »Mit Kindern durch das Kirchenjahr« bietet Eltern, Erziehern und Lehrern eine Fundgrube, mit Kindern das Kirchenjahr *bewußt* zu erleben. Es wendet sich an diese Zielgruppe und bietet entsprechende religionspädagogische Hilfen und Anregungen an. Sein Ziel ist es, Erfahrungen anzustiften, althergebrachte Zeiten und Feste in einem neuen Licht zu sehen, um darin etwas von ihrer Bedeutung wiederzugewinnen. Das Schlußkapitel will dazu anleiten, über den Grund für eine solche Annäherung im erzieherischen Alltag nachzudenken. Vielleicht kann es dazu

---

* Die Texte sind jeweils mit Siglen der Autoren gekennzeichnet; tk = Thomas Klocke; jt = Johannes Thiele

motivieren, Kinder durch konkrete Erfahrungen in Familie, Gruppe und Gemeinde in den schöpferischen und spielerischen Umgang mit Festzeiten und -formen hineinzuführen.

Viele Eltern und Erzieher haben große Schwierigkeiten, mit Kindern über kirchliche Festzeiten zu sprechen und ihnen ihre Besonderheiten zu erklären. In vielen Familien beschränkt sich die Feier kirchlicher Feste auf das inzwischen völlig vermarktete Weihnachten. Ostern und Pfingsten und erst recht viele andere Feiertage sind vielen nur noch als zusätzliche Urlaubszeit gegenwärtig und willkommen. Ihnen ist der Reichtum an Emotionalität und Kreativität der restlichen Zeit des Kirchenjahres nicht mehr bewußt. Auch darin zeigt sich das schwierige Problem religiöser Sprachnot in einer Zeit überkommerzialisierter Medienflut, durch deren allgegenwärtige Herrschaft fast niemand mehr lernt, sich seine ungeöffneten oder überreizten Augen berühren zu lassen vom Geheimnis hinter den Dingen und Zeiten.

Das vorliegende Buch versucht, zur Überwindung dieser Sprach- und Sehnot einige bescheidene Hilfen zu geben. Es folgt dem Gang des Kalenderjahres, ist demnach unterteilt in die zwölf Monate. Ein Vorspann informiert jeweils ausführlich über die Bedeutung der Feste und Zeiten (auch über den Bedeutungswandel), zeigt verschiedene Festformen auf, stellt regional unterschiedliche Bräuche vor, erklärt Symbole und Bilder (und damit die religiöse Sprach- und Bilderwelt eines Festes). In jedem Kapitel finden sich zwei bis drei Texte: Geschichten, Gebete, kurze Betrachtungen oder Lieder. Bemerkenswert an diesem Textteil ist, daß er jeweils versucht, nicht nur den altbekannten Inhalt bestimmter Feste zu wiederholen, sondern ihn auch zu übersetzen in die heutige Lebenswelt und damit vielleicht zugleich neue und ungewohnte Sichtweisen zu erschließen.

Thomas Klocke/Johannes Thiele

Erster Teil

Kleines pädagogisches Lexikon zum Kirchenjahr

Redaktion: Johannes Thiele

ADVENT

Advent bedeutet lateinisch (adventus) Ankunft und bezeichnete ursprünglich und sachlich richtig das Weihnachtsfest selber. Heute versteht man darunter die vier Wochen vor Weihnachten, genauer die vier Sonntage vor Weihnachten und die Zeit zwischen dem letzten Adventssonntag und Weihnachten.

Die ersten Spuren der Adventsliturgie finden sich in der Mitte des 5. Jahrhunderts im Osten. Erst ein Jahrhundert später faßt sie auch in Rom Fuß.

Der Weihnachtsfestkreis feiert eine dreifache Ankunft des Herrn, die *historisch-biblische* (Betlehem), die *liturgische* (Heilige Nacht) und die *eschatologische* (Wiederkunft Christi). Am Anfang des Advents steht der eschatologische Gedanke im Vordergrund, während ab dem dritten Adventssonntag der zweite Gedankenkreis mehr hervortritt: Gaudete, Grund der Freude – Der Herr ist nahe und schon unter uns. Dieser zweite Gedanke verbindet sich mit der historischen Tatsache der Geburt Christi in Betlehem, aber nicht als bloße Erinnerung, sondern als ein immer wirksames Gedächtnis.

Volksbräuche kirchlicher und vorchristlicher Herkunft durchziehen den ganzen Advent und werden bestimmt durch die Vorbereitung auf Weihnachten (Bäckerei) und durch die

Freude auf das Kommen des Herrn (Kalender). Der Adventskranz ist jüngeren Datums und versinnbildlicht das allmählich wachsende Licht und das Kommen Christi. An die Heiligengestalten der Adventszeit heften sich weltliche, durch die Mittwinterzeit beherrschte Bräuche.

BETEN

Das Beten gehört zum elementarsten und unmittelbarsten Ausdruck der Gottesbeziehung des Menschen. Es ist nicht nur eine Antwort auf den Anspruch Gottes, sondern auch kommunikatives Handeln der Menschen, die im Gebet ihr Leben und ihr Wünschen zur Sprache bringen.

Weil das Beten durch rationalistisch so leicht zerstörbare Haltungen wie Stillwerden, Zuhören, Singen, Gesten eine tiefe innere Beteiligung braucht, ist eine Erziehung zum Beten zu einer der schwierigsten religionspädagogischen Aufgaben geworden. Neben die Gebetsinhalte, wie Lob, Anrufung, Dank, Schmerz, Jubel und Hingabe, muß vor allem der Alltag mit seinen vielfältigen Lebensproblemen treten. Beim Beten von Kindern wird der Inhalt immer der jeweiligen Ausdrucksfähigkeit entsprechen. Es ist daher besser, mit ganz schlichten und selbstformulierten Gebeten zu beginnen als mit festgelegten Gebetsformeln. Eine mechanische Verwendung vorgeprägter Gebetsmuster kann nur gerechtfertigt werden, wenn dem Kind der Sinn verständlich klar ist. Der Nachvollziehbarkeit muß vor der theologischen Richtigkeit der Vorzug gegeben werden. Auch die Einführung in das liturgische Beten erfolgt am besten durch eine möglichst kindgemäße Liturgie. Gebete sollten mit Kindern vor allem als Versuche des Lobens und Dankens (Tischgebet) eingeübt werden. Sehr wichtig ist für Kinder, daß sie das Sprechen von Worten durch sinnenhafte Gebärden begleiten können (Sinnerschließung im Knien, Kreuzzeichen, Handhaltung). Daher gewinnt auch das Beten in der Familie eine große Bedeutung, weil das Kind auf diese Weise in ein Gebetsleben hineinwachsen kann, ohne daß dieses aufgesetzt wird. Durch gemeinsames Singen, Einübung in Sammlung und Stille, ausgesprochenen Dank, Deutung und Verinnerlichung mit Hilfe von Riten und sinnenhaften Gesten, Einbeziehen des Alltags in das Beten, Übersetzen biblischer Gedanken in das Sprechen mit Gott gewinnen auch die Aufgaben einer problematisch gewordenen Gebetserziehung eine neue Aktualität.

Gebetserziehung geschieht also, wie gesagt, dort, wo man einander vertraut und offen miteinander spricht. Ihr Ort sollte zunächst die Familie sein, in welcher die Eltern ihre Kinder in ihr eigenes Beten einbeziehen; erst dann beginnt die Erschließung liturgischen Betens im Gottesdienst. Hier braucht nicht in Reimen oder Sprüchen gebetet zu werden: hat die konkrete Sprach- und Erlebniswelt der Kinder im Beten keinen Raum, so wird leicht das Vorurteil eingepflanzt, man müsse über ein spezielles Vokabular und Formelsystem verfügen, um sich auf Gott beziehen zu können. Im Religionsunterricht hätte vor allem das Nachdenken über Formen biblischen Betens seinen Ort.

BRAUCHTUM

Im Kirchenjahr geschieht die umfassendste Gestaltung des Brauchtums: Natur-, Arbeits- und Glaubensjahr durchdringen und erhellen sich gegenseitig in ihm.

Brauchtum gibt es nicht als vereinzelte und subjektivistische Tat – es braucht die Gemeinschaft. Es kann erstarren oder verdürftigen, wenn seine Formen nicht lebendig weiterentwickelt werden oder wenn es industrialisiert und kommerzialisiert wird. Brauchtum artet in Betrieb und Geschäft aus, wenn es durch Fremdenwerbung und Tourismus verzweckt wird. Auch jede Folklore ist bedroht durch Vermassung, Aufhebung von gewachsenen Traditionen.

Man könnte das Brauchtum als eine gestalthafte, sich wiederholende Ausdrucksweise der Gemeinschaft durch das außerliturgische religiöse Leben bezeichnen. Religiöses Brauchtum gewinnt auf diese Weise Gestalt als Zeichen und Ausdruck des Glaubens und verleiht dem Alltag einen tiefen Sinn. Von religionspädagogischem Interesse ist das Brauchtum vor allem durch seinen existentiellen Ansatzpunkt in der Umwelt des Kindes. Anläßlich der Feste des Kirchenjahres mit dem religiösen Brauchtum zu konfrontieren kann eine Hilfe sein, die wesentlichen Formen des Glaubens zu erschließen, wie sie in einer Region einen spezifischen Ausdruck gefunden haben.

Religiöses Brauchtum begleitet das kirchliche Jahr. Es wird aber nur dann für Kinder nachvollziehbar sein, wenn es als brauch-bar erfahren wird zur Sinndeutung des Lebens und zur Ausprägung kollektiver Lebenshaltungen. Wo dies nicht der Fall ist oder wo aufgrund geänderter Weltsicht das Brauchtum nicht mehr verstanden wird, muß es entweder zu einer Umdeutung bzw. Neuinterpretation kommen oder zum Experiment mit neuen Gestaltungsformen – sonst besteht die Gefahr, daß das Brauchtum ganz erstarrt und für ein lebendiges religiöses Leben un-brauchbar wird. Die Industrialisierung des städtischen wie auch bereits des ländlichen Lebensraumes und die allgemeinen Prozesse der Aufklärung haben mit dazu beigetragen, daß viele Bräuche nicht mehr akzeptiert und gelebt werden, weil der ihnen zugrundeliegende Sinn irrelevant geworden ist. Neben der Erschließung des Brauchtums ist heute aber auch die Befähigung zur kritischen Distanz und Freiheit gegenüber überkommenen Bräuchen wie auch gegenüber neugewachsenen Formen säkularisierten Brauchtums eine religionspädagogische Aufgabe. Auch hier gilt: Wenn nicht der *Sinn* von Sitten und Bräuchen *erfahrbar* gemacht werden kann, haben sie ihre Existenzberechtigung verloren.

Die landschaftlichen Regionen haben oft sehr unterschiedliche und vielfältige Brauchtumsformen ausgeprägt. Darüber hinaus gibt es in der Kirche auch eine Reihe das Kirchenjahr begleitender Bräuche, die überall vollzogen werden, wenn auch manchmal in veränderten Formen. Die ge-bräuchlichsten Bräuche sind:

Osterfestkreis:	Palmweihe (Palmbüsche)
	Kreuzweg
	Osterfeuer
	Pfingstfeuer
	Fronleichnamsprozession
	Erntedank
	Gräberbesuch zu Allerheiligen/Allerseelen
Weihnachtsfestkreis:	Adventskranz (-kalender)
	Adventssingen
	Nikolausfeier
	Krippe
	Christbaum
	Heiliger Abend
	Sternsingen

Darüber hinaus können als »integrierte« Bräuche gelten: Maibaum (-andacht), Kirchweihfest, Fastnacht, Segnen mit Weihwasser usw.

ERZÄHLEN

Erzählen ist problematisch geworden, trotz vieler Bemühungen einer »narrativen Theologie«. Nicht mehr viele Menschen können wirklich erzählen, es fehlt vielfach an einer »Erzählkultur«. Gleichwohl gehört das Erzählen zum »Grundbestand« der praktischen Religionspädagogik. Es ist in der Schule in Korrespondenz mit dem Gespräch Mittelpunkt des Unterrichts. Erzählen stiftet Kommunikation zwischen Lehrer und Schüler, vermittelt Existenzerfahrung, bewirkt Meditation, deutet Lebenserfahrungen, weckt Spontaneität und bereitet Gespräche vor.

Gutes Erzählen sollte im Unterricht psychologisierende Motivation, im Hinblick auf die Bibel Historisieren (weil dem Spezifikum biblischer Erzählformen unsachgemäß) und Erbaulichkeit vermeiden. Erzählen sollte hingegen Kargheit, Herbheit, Mut zur Lücke, Problemoffenheit und Transparenz akzentuieren. In der Bibelarbeit ist das Erzählen ein exegetisch bedeutsamer Vorgang.

Erzählformen:

★ Nacherzählung von literarisch fixierten Erzählstoffen (Bibel)

★ Vergegenwärtigung abwesender Wirklichkeit (Kirchengeschichte, Konfessionen und Religionen, Leben großer Gestalten)

★ Darstellung von Lebensvorgängen und Entscheidungssituationen (ethische Dimension)

★ Veranschaulichende Vorbereitung des Unterrichtsgesprächs (Arbeit an Texten, Begriffen, Problemen).

Praxis des Erzählens: Der Erzähler muß die »inneren Strukturen« einer Geschichte (Wechsel von Spannung und Entspannung, Höhepunkt, Lösung) im Auge haben und bei biblischen Erzählungen auch die Sachgesetzlichkeiten der jeweiligen Gattung beachten. Als methodische Arbeitsweise muß das Erzählen vor allem bei jüngeren Kindern auf folgende angemessene Regeln achten: viel Handlung, kurze Sätze, direkte Rede, keine Abstraktionen, keine Schachtelsätze, usw.

EUCHARISTIE

Eucharistie ist ein griechisches Wort (Danksagung, Dankgabe) und bedeutet zunächst im biblischen Sprachgebrauch das erinnernde Lob Gottes für seine Taten. Bereits im ersten

Jahrhundert der frühen Kirche wird das Wort zur Bezeichnung des Mahlsakraments verwendet, das die Kirche zur Erinnerung an Jesus Christus und nach seinem Vorbild feiert. Andere Namen sind Herren- oder Abendmahl, Brotbrechen, Meßfeier (Meßopfer) oder Altarsakrament. Sie bezeichnen jeweils einen anderen Aspekt des einen Geschehens.

Die Eucharistie ist grundgelegt in der Einsetzung des Abendmahles durch den geschichtlichen Jesus von Nazaret (vgl. die Berichte Mt 26, 26–29; Mk 14, 22–25; Lk 22, 19–20 und auch 1 Kor 11, 23–25). Dieses Abendmahl ist Jesu Abschiedsmahl gewesen, ob es das richtige Paschamahl war, läßt sich nicht eindeutig feststellen. Es ist die Vorwegnahme des endzeitlichen Mahles in der Gemeinschaft mit Jesus und bedeutet gleichzeitig die Gegenwart Jesu: er gibt sich selbst in den Gaben von Brot und Wein zur Versöhnung der Welt hin. Das Mahl ist daher auch Ausdruck der Gemeinschaft mit Christus und Vergegenwärtigung seines Sterbens und seiner Wiederkunft.

Eine eucharistische Erziehung findet ihren Auftrag in der Vorbereitung des Kindes auf die erste Kommunion. Darüber hinaus aber ist eine ständige Weiterführung und allmähliche Erschließung des Satzes: »Jesus ist das Brot für das Leben« gefordert. Diese Erziehung kann sich nicht in der Erklärung erschöpfen, sondern braucht die Erfahrung vor allem in der Familie, später dann in der Gemeinde. Sie beginnt mit der Einübung in die Grundfähigkeiten des Schauens und Hörens, Dankens und Liebens. Ein weiterer Schritt ist die Feier des Kirchenjahres, des Sonntags und das Mahlerlebnis. Das gemeinsame Familienmahl sollte in seinen verschiedenen Elementen (Tisch, Speisen, Tischgebet, Friedensgruß) transparent sein auf das Abendmahl hin. Die Mahlgeschichten der Bibel könnten dem Kind auf ihre Bedeutung für die gemeinsame Feier des »Lebens in Fülle« hin erschlossen werden (Hochzeit zu Kana, Mahl mit den Sündern, Brotvermehrung, Abendmahl).

FEST/FEIER

Fest und Feier sind im religiösen Brauchtum, altem überlieferten und neu entdecktem, beheimatet. Im Rhythmus des Kirchenjahres begleiten viele Feste das Jahr des Kindes, zum Beispiel Advent, Nikolausfeier, Krippe, Heilige Drei Könige als Missionsfest wie auch die Gedenktage der Heiligen. Hier sind Ansätze und Grundlagen, das religiöse Leben wieder mit dem Gemeinschaftsleben in Familie und Gemeinde zu verknüpfen.

Wie der Begriff »Arbeit« durch Aktivität, Mühe und sozialen Nutzen (letztlich durch Funktion) gekennzeichnet ist, so sind es andererseits Fest und Feier durch Ruhe, Freisein von Mühe und Herausgelöstsein aus den alltäglichen Funktionen. In einer vom Nutzdenken vollständig beherrschten Welt ist ein wirkliches Fest nicht möglich. Es entspringt aber nicht dem Bedürfnis, nun dem Alltag zu entfliehen, sondern wurzelt in der Bezogenheit des Menschen auf Transzendenz. Durch Wort, Symbol, Handlung (Mimik, Musik, Tanz) wird die mythische Urzeit vergegenwärtigt. Im reichen Festkalender fast aller Völker und Religionen spiegelte sich der Rhythmus der kosmischen Ordnung. Im *Gemeinschaftsleben* begründet sind Feste, die sich auf Geburt, Ehe, Tod, menschliche Arbeit (Eröffnung der Jagd), Beruf, Ernte beziehen. Auf das *kosmische Geschehen* bezogen sind Neujahrsfest, Frühlingsfest, Sommer- und Herbstfest (Sonnenwendfeiern), Mond- und Sternfeste. *Religiöse Feste* und Feiern schließlich sind veranlaßt durch bedeutsame Ereignisse in der Geschichte Gottes mit den Menschen (Geburt, Sterben und Auferstehung des Erlösers), zum Beispiel im israelitischen Passahfest.

Kirchliche Feste sind frohe Erinnerung an Gottes befreiendes und heilendes Handeln in der Geschichte. Neben Ostern waren seit dem 4. Jahrhundert auch schon Christi Geburt (Weihnachten) und Himmelfahrt durch eigene Feste im christlichen Kalender vertreten. Die zahlreichen Feste der

Heiligen wurden erst viel später eingeführt; sie drohten sogar zeitweise durch die zahlreichen Heiligsprechungen das Kirchenjahr zu überwuchern und führten auch zu vielen Überschneidungen. Im 6./7. Jahrhundert erscheinen, aus dem Orient übernommen, die vier älteren Marienfeste.

In unseren Schulen fehlt heute weitgehend etwas wie eine durch das Fest bestimmte Schulkultur. Der Religionsunterricht könnte dazu besondere Beiträge leisten, nicht nur in den Konfessionsschulen. Neben Unterricht, Spiel und Arbeit sollte das Fest wieder zu einem organischen Bestandteil des Schullebens werden. Anlage und Gestaltung dieser Feste bräuchten nicht besonders aufwendig zu sein, sondern im Gegenteil so einfach, unmittelbar und natürlich-unkompliziert wie möglich. Poesie, Lied, Sprechchor, szenisches Spiel könnten wesentliche Gestaltungselemente werden. Die pädagogische Bedeutung von Fest und Feier liegt im Erfahren; bloßes »Veranstalten« aus äußerlichem Pflichtgefühl und erzwungene Teilnahme sind abzulehnen. Festliche Einschnitte im Rhythmus der Tage, Wochen und Jahre ergeben *Schulfeste* als Synthese von Weltlichem und Heiligem (Namensfest, Fastnacht, Nikolaus etc.).

FREIZEIT

Für den Erwachsenen ist Freizeit zunächst die Möglichkeit der Muße und der Besinnung, die Zeit, in der er sich erholt. Dafür braucht er keine bestimmten Aufgaben, weil er sich so besser aus den Zwängen der alltäglichen »Lebensbewältigung« herausnehmen kann. Für den Christen ist die Freizeit vor allem durch das Wochenende bestimmt, mit dem Sonntag als dem Anfang der Woche, dem ersten Tag des Herrn. Im heutigen gesellschaftlichen Bewußtsein wird der Ursprung des Sonntags vielfach verdrängt, er dient oft sogar kaum noch der Besinnung und Erholung, sondern als Zeit der Anstrengung. Viele haben es zudem verlernt, in ihrer Freizeit

»die Seele baumeln zu lassen«, das heißt auch, sie mit Muße sinnvoll zu gestalten.

FRONLEICHNAM

Fronleichnam ist ein Begriff aus dem Mittelhochdeutschen (vrôn, frôn = Herr, heilig; lîchnam = lebender Leib) und bedeutet: der Leib des Herrn. Das Fest wurde zuerst 1246 in Lüttich gefeiert und dann von Papst Urban IV. auf die ganze Kirche ausgedehnt. Gegenstand und zentraler Inhalt des Festes ist die Verehrung der heiligen Eucharistie am ersten Donnerstag nach der österlichen Zeit. Die Fronleichnamsprozession entwickelte sich schon früh, im Köln des Jahres 1277, aus Flurgängen, woraus auch dic in Deutschland üblichen vier Segen mit den vier Evangelienanfängen (Wettersegen) in vier Himmelsrichtungen zu erklären sind, während das römische Rituale nur einen Segen kennt.

Im Sinne der ältesten Fronleichnamsdekrete müßten ins Zentrum des Festes die Mahlfeier und die Kommunion treten. Ortsüblich aber wurde im deutschen Sprachraum seit dem 15. Jahrhundert die Prozession mit Liedern und Stationen in den Mittelpunkt des Festes gerückt: ein Weg mit Fahnen, Blumen, Hausaltären als »via triumphalis«, auf dem an vier Stellen haltgemacht wird. Das Allerheiligste wird meist sichtbar in einer Monstranz mitgetragen, unter einem »Himmel« oder auch auf einer geschmückten Tragbahre. Die Prozession sollte heute keine Polemik oder demonstrative Zurschaustellung sein, eher Ausdruck von Freude, daß in Christus die ganze Schöpfung »geheiligt« ist.

HEILIGE

In den Heiligen spiegelt sich exemplarisch die christliche Existenz. Nach biblischem Verständnis ist Heiligkeit in der

Orientierung an Jesus Christus Gabe und Aufgabe zugleich. Heilige und Vorbilder in der religiösen Erziehung sind ein heikles Kapitel geworden, wie überhaupt das Vorbildlernen in Verruf gekommen ist, nicht zuletzt durch überladene Heiligenviten, Verdachtsmomente der Manipulation oder Indoktrination, überdrüssige Leitbildpädagogik, die auch politisch ausgenutzt werden kann.

Die Behandlung von Heiligengestalten und Vorbildern im Religionsunterricht soll dem Schüler keine fremden Rollen zur Nachahmung oder Imitation aufdrängen. Sie sollte im Gegenteil verhindern, daß sich an Heiligen Klischees und Stereotypen bilden. Aus einer religionspädagogisch heute verantwortbaren Vorbilddidaktik ergibt sich: von der Nachahmung zum Mitvollzug, von der Imitation über Identifikation zur Selbstfindung, von der schablonenhaften zur bildhaften und handlungsorientierten Vergegenwärtigung.

Gefragt ist eine Didaktik des Vorbildlernens, die Kritik und Kommunikation möglich macht. Sie setzt an beim Abbau von Abwehrreaktionen und bei der Motivation zur Auseinandersetzung mit beispielhaften Gestalten des Glaubens, die nicht durch Überzeichnung oder Abstraktion vermittelt werden, sondern als Anstiftung zum Zeugnisgeben.

An vielen Heiligen wird die »Leidenschaft des Christseins« erfahrbar – sie sollte verknüpft werden mit dem konkret religiösen und kirchlichen Leben junger Menschen. Durch den flexiblen Umgang mit Vorbildern als problematische Modelle, die zu denken geben, ist vermutlich die Verdeutlichung christlichen Lebens als eigentliches Gelingen menschlichen Lebens am ehesten möglich. Vorbilder haben großen Einfluß auf menschliches Handeln, sie stehen bei jungen Menschen hoch im Kurs. Die Religionspädagogik würde unrealistischer und auch unglaubwürdiger, wenn sie sich die große Chance des Umgangs und der Auseinandersetzung mit Heiligen und Vorbildern entgehen ließe. Durch die Orientierung an ihnen als Modelle christlichen Lebens in Geschichte und Gegenwart können neue Verhaltensweisen im religiös-kirchlichen Bereich erworben, geprüft und erprobt werden. Die Verdichtung biographischer Prozesse in der Lebensgeschichte, wie sie in vielen Legenden und narrativen Konfessionen von Heiligen zum Ausdruck kommt, ermöglicht vielleicht auch eine Verlebendigung religiöser Sprache in einer zunehmend sprachlos werdenden und sprachzerstörenden Zeit. Für Kinder könnten Heilige zu Symbolgestalten der heilen und heilenden Nähe Gottes werden. In der Unterstufe hat vor allem die symbolische Legende ihren Ort im Unterricht (Kirchen- und Namenspatrone, Heilige der nächsten Umwelt, Martin, Nikolaus); in der Mittelstufe sind historisch-sachliche Darstellungen vertretbar (Erzählung oder Lektüre ausgewählter Texte). In der Oberstufe schließlich sollten Gestalten gewählt werden, an deren wirkungsgeschichtlicher Bedeutung ablesbar ist, wie gesellschaftliche und politische Verantwortung im christlichen Engagement erlebt werden kann.

HEIMAT

Heimat ist ein idealtypischer Begriff, der den überschaubaren und von Ursprungsgruppen (Familien, Sippen, Dorfgemeinschaften) gestalteten und geprägten Lebensraum als Ausschnitt von Welt und Wirklichkeit bezeichnet, der als tragend und bergend empfunden wird und mit dem Verstehenshorizont in räumliche und geschichtliche Dimensionen wächst.

Inzwischen sind die alten organischen Wertgemeinschaften der Heimat nicht nur in den großen Städten und industriellen Gebieten, sondern bis in die Dörfer auf dem Land weitgehend zerstört oder in Auflösung begriffen. Sie waren die Träger von bestimmten Werterfahrungen und Lebensordnungen individueller und sozialer Prägung; in ihnen lebten und wirkten auch auf religiösen Grundlagen beruhende Traditionen und Konventionen. Die modernen Publikationsmittel und weitverzweigten Mediensysteme haben die bisweilen engen Grenzen möglicher Kommunikation gesprengt, sie haben aber auch im Bewußtsein der Menschen verschiedenste Werteinstellungen und Lebensanschauungen unverbunden und ungeklärt nebeneinander gesetzt.

Der Geborgenheit in der Heimat Ausdruck zu geben ist ein heute zwar vielfach belächeltes, meines Erachtens aber religionspädagogisch gleichwohl relevantes Ziel. Nicht nur für den Religionsunterricht ist es wichtig, daß in ihm der ganze Lebensraum des Kindes in eindrucksvollen Einzelbildern und -situationen zur Sprache kommt – Kinder können überhaupt nur mit der Ganzheit der für sie faßbaren Umwelt hineinwachsen in das religiöse Leben. Hier liegen viele ungenützte Chancen, abseits von einer heimatseligen Sentimentalität, Heimat als unmittelbaren Lebensraum des Kindes wieder stärker zu berücksichtigen, zum Beispiel in der erzählerischen Vergegenwärtigung von Geschichte, in der Verlebendigung zuweilen vergessenen religiösen Brauchtums, in Gewohnheiten und Ritualen regionalen Alltagshandelns, in der Behandlung von Legenden und Mythen des heimatlichen Raumes. Erst in der Erfahrung der geschichtlichen Durchsetzung des Lebensraumes mit Glaubenszeichen (z. B. Bildstöcke, Lieder, Feste, Bräuche) erwächst ein Bewußtsein von Heimat, das frei ist von dümmlich aufgeladenen Assoziationen und simplifizierendem Festhalten am Überkommenen. Die Heimat ist es, welche die Kindheitserinnerungen von uns allen trägt.

KIRCHENJAHR

Das Kirchenjahr ist entstanden als Ausweitung der Osterfeier über das Jahr hin; deshalb feiern auch die Sonn- und Festtage im Grunde das Heilsereignis der Erlösung. Es wächst zusammen aus zwei großen Festkreisen: dem Osterfestkreis, der Leiden, Tod und Auferstehung Christi zum Inhalt hat, und, ihm nachgebildet, dem Weihnachtsfestkreis, der die Ankunft des Herrn feiert. Der Aufbau beider Festkreise ist parallel: einer Vorbereitungszeit (in liturgisch violetter Farbe) folgt die Festzeit (in weißer Farbe) mit je einem Hochfest am Anfang und Ende und einem kleineren Fest dazwischen, abschließend eine längere Zeit (in grüner Farbe), die wiederum unterbrochen wird durch einen reichen Kalender von kleinen Festen (siehe Abbildung).

Jeder Festkreis endet mit einigen ruhigen Wochen des Ausklingens. Das Kirchenjahr ist zuerst Christusjahr (daher: Jahr des Herrn), doch haben auch Maria und die Heiligen ihren Ort. Erst in jüngerer Zeit hat sich innerkirchlich das Bewußtsein vom 1. Adventssonntag als dem Anfang des Kirchenjahres durchgesetzt.

Das Kirchenjahr beschreibt keine chronologische Darstellung des historischen Lebens Jesu, es ist auch nicht allein Erinnerung, sondern vielmehr Vergegenwärtigung des durch Jesus Christus in die Welt gekommenen Heiles (daher: Jahr des Heiles). Es ist gestaltmäßig sinnvoll durch einen Kreis oder eine Spirale auszudrücken, denn es kennt als Feier des Geheimnisses Jesu Christi weder einen eindeutigen Anfang noch ein Ende. Kein Kirchenjahr stimmt zudem völlig mit dem anderen überein, und jedes Fest ist eine Feier auf die Wiederkunft des Herrn hin.

Im Rahmen der religiösen Erziehung ist eine lebendige Gestaltung des Kirchenjahres in realer und nüchterner Weise sehr wichtig: die Kinder sollen das Ursprüngliche und Wesentliche kennenlernen. Als Ziele der Katechese können genannt werden:

Advent: Altersgemäße Hinführung zum Verständnis für die unaufhörliche Ankunft Jesu Christi in der Welt.

Weihnachten: Erschließung des Geburtsfestes Jesu als Menschwerdung Gottes zur Rettung *aller.* Der Akzent

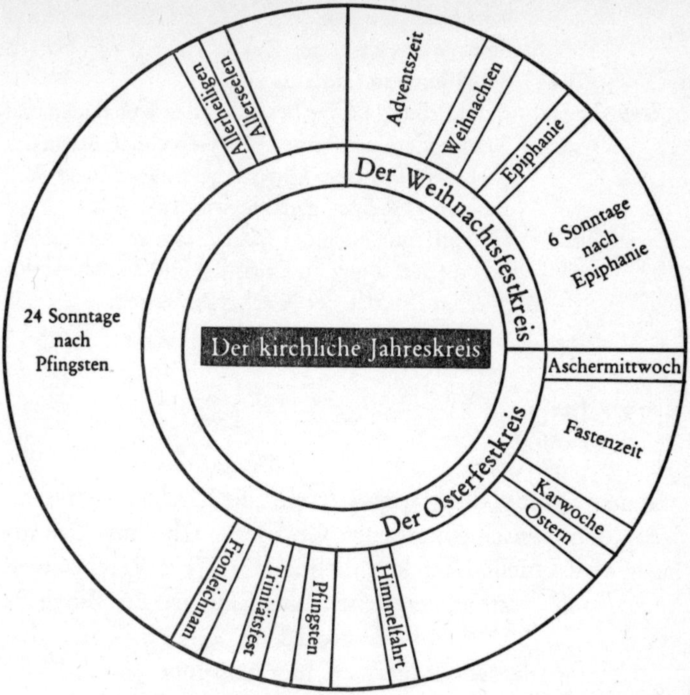

	sollte nicht auf der Vergangenheit, vielmehr auf der Zukunft liegen.
Fastenzeit:	Vorbereitung auf Ostern durch Tauferneuerung, Buße und Gebet. Wichtig ist, Fasten und Buße sozial zu begreifen als konkrete Antwort auf den Ruf zur Umkehr (Misereor).
Ostern:	Hinführung zur Auferstehung in der Feier der Osternacht und zu den Symbolen des Lichts (Osterkerze), Wasser (Taufe) und Brot/Lamm (Eucharistie) als Zeichen dafür, daß Christus auch heute unter seinen Freunden lebt.
Pfingsten:	Einübung in die durch den Geist gerufene und »mit neuen Zungen« sprechende Gemeinschaft der Kirche.
Fronleichnam:	Wiederholung des Gründonnerstagsgeschehens; in der Aussetzung des lebendigen Brotes und in der

	Prozession können Hinweise auf die »Kirche auf dem Weg« und die Zugehörigkeit der ganzen Schöpfung zu Christus erfolgen.
Allerheiligen:	Erschließung als das Fest aller, der Weinenden und Trauernden, der Armen und Gerechten, die an das Ziel der Teilhabe Christi gekommen sind und deshalb »Heilige« genannt werden.
Marienfeste:	Orientierung auch der Marienfeste an christologischen (Beziehung zu Christus) und an ekklesiologischen (Mutter der Kirche) Akzenten.

HERZ JESU

Mit dem Symbol des Herzens verehrt die Kirche im »Herzen Jesu« den menschgewordenen Gott Jesus Christus. Grundlagen und Quellen der kirchlichen Herz-Jesu-Verehrungen liegen in den alttestamentlichen Weissagungen der Bibel: Ps 40, 7–9; Jer 30, 21; Ps 22, 15; Ps 69, 21 u. ö. – und den neutestamentlichen Zeugnissen, hier besonders Joh 7, 37–39 und Joh 19, 34 (Durchbohrung der Seite des Gekreuzigten). Die Theologie der Kirchenväter und verschiedene päpstliche Rundschreiben unterstreichen die Bedeutung dieses Symbols, die im Herz-Jesu-Fest (am Freitag nach dem 2. Sonntag nach Pfingsten) mit Sühneakt, in der Herz-Jesu-Weihe am Christkönigsfest und in der Herz-Jesu-Litanei ihren Ausdruck findet. Der erste Freitag jedes Monats gilt als Herz-Jesu-Freitag.

Trotz eines sicherlich zu erwartenden, spontanen Herz-Verständnisses sollte bei Kindern und auch bei Jugendlichen Zurückhaltung geboten sein im Gebrauch der Bilder und Sprachformen der Herz-Jesu-Verehrung. Bei aller Anpassung an kindliches Verständnis kann vor Kitsch und Sentimentalität, die dieses Fest in eigentümlichen und erbaulichen Liedern, Bildern und Gebeten mit sich gebracht hat, nur gewarnt werden.

KARWOCHE

Höhepunkt des Kirchenjahres ist die Karwoche (= Trauerwoche), liturgisch auch »Heilige Woche« genannt. In ihr vollzieht sich die liturgische Vergegenwärtigung der Erlösung und die Erinnerung an das Leiden und Sterben Jesu Christi. Karwoche und Ostern als Feier der Auferstehung des Herrn bilden eine liturgische Einheit: ›transitus‹ (Durchgang) des Herrn durch Leiden und Tod hindurch zur Auferweckung.

□ Das Eingangstor zur Karwoche ist der *Palmsonntag*, liturgisch der zweite Passionssonntag. Die Palmweihe bedeutet unsere eigene Einfügung in das Kargeschehen, die Palmprozession ist eine Versinnbildlichung des Leidensweges auch der Kirche, die den Weg Jesu Christi in die Verwerfung nach-geht.

□ *Gründonnerstag*, liturgisch »Donnerstag des Herrenmahles«, will das letzte Abendmahl erneuern, mit Fußwaschung, der Übertragung des Allerheiligsten auf einen Seitenaltar, einer Abendmesse und dem anschließenden Gebet in der Leidensnacht. Dieser Tag schließt auch die Fastenzeit ab.

□ Am *Karfreitag*, liturgisch »Freitag des Leidens und Sterbens des Herrn«, verzichtet die Kirche in Trauer auf die Meßfeier. Die ältesten Formen des Gottesdienstes haben sich erhalten: am Anfang Gebets- und Lesegottesdienst in Anlehnung an den Synagogengottesdienst, im Mittelpunkt Kreuzenthüllung und -verehrung als symbolische Kreuzigung und schließlich gemeinsame Kommunion – das alles am Nachmittag um die Todesstunde Christi. Vormittags findet häufig ein »Kreuzweg der Kinder« statt.

□ Der *Karsamstag*, liturgisch »Heiliger Sabbat«, ist der einzige liturgielose Tag des Jahres, der Tag der Grabesruhe Jesu. Die Volksfrömmigkeit kennt die Verehrung des heiligen Grabes.

KREUZZEICHEN

Das Kreuzzeichen ist ein sinnlich ausdrucksstarkes Bekenntnis zu Jesus Christus. Es ist in seinen vielen Formen (Segensgeste, »kleines Kreuz« auf Stirn, Lippen und Brust, »großes Kreuz« über den Oberkörper) für den Christen eine der tiefsten und bedeutungsvollsten Gesten. Er bekennt damit seinen Glauben an den dreifaltigen Gott und die Erlösung durch ihn. Das Kreuzzeichen ist aber auch ein ständiges Erinnerungszeichen seiner Taufe, in der er durch das Kreuz Christi wiedergeboren wurde (vgl. Röm 6, 3–11). Aufgeschlüsselt enthält es die Bedeutungen:

Stirn: Glaube an den Vater und den Ursprung der Schöpfung.
Brust: Glaube an die Menschwerdung Gottes.
Hand von der einen Schulter zur anderen: Glaube an den Geist und die Liebe.

KREUZWEG

Erst im Mittelalter kam die Kreuzwegandacht auf als szenische Vergegenwärtigung des Leidensweges Jesu. Sie hat ihren Ursprung in Jerusalem selbst, wo die Christen den Kreuz-Weg vom Haus des Pilatus zum Kalvarienberg nachgingen. Die Zahl der Stationen ist unterschiedlich – biblisch belegt sind nur neun, die in der katholischen Kirche übliche Zahl liegt bei vierzehn. Pilger brachten die Kreuzwegandacht ins Abendland; erst später fanden die Kreuzwegdarstellungen Eingang in Kirchen und Kapellen.

Eindrucksvolle und zugleich leicht nachvollziehbare Stationsbilder können Kindern auch heute helfen, Meditation und Beten einzuüben. Bewährt hat sich für Jugendliche der vom Bund der Deutschen Katholischen Jugend jährlich neu angebotene »Jugendkreuzweg« mit Plakaten, Liedern und Texten.

KRIPPE

Es gehört zum sinnlichen Ausdruck der Religion, bedeutsame Ereignisse nicht nur im Geist, sondern auch in Bildern und Figuren vor sich sehen zu wollen. Das Weihnachtsgeschehen findet in Lk 2, 12 besonders prägnanten Ausdruck. Es war der Ausgang zu jener Veranschaulichung, die Franziskus von Assisi, in der Weihnacht 1223 im Wald von Greccio, in der Nähe seiner Vaterstadt, den Bauern und Hirten der Toskana darbot: er ließ einen tragbaren Altar aufstellen, daneben eine mit Heu gefüllte Futterkrippe, einen leibhaftigen Ochsen und einen Esel. Diese wenigen Hilfsmittel genügten, um die kindlich einfachen und armen Leute zu lebendigen Teilnehmern und Darstellern des Weihnachtsgeschehens werden zu lassen. Auch heute noch kann das Gestalten und Anschauen einer Krippe zu dieser Vergegenwärtigung führen.

Die ersten bildnerischen Weihnachtskrippen waren schlichte Gestalten der Volkskunst. Erst später schufen Holzschnitzer und Bildhauer in Süditalien, Frankreich, Tirol und Bayern jene prachtvollen Krippen, die zum Teil heute noch in Kirchen, Ausstellungen und Museen erhalten sind und Bewunderung erwecken. Aber auch Kinder und Jugendliche können aus ihren eigenen Gestaltungskräften und einer künstlerischen Intention heraus aus Ton und Holz Krippenfiguren, Stall und Szenarium erstellen. Während man sich in früheren Jahrzehnten besonders um den Bau oft recht romantischer Krippenhäuser bemühte, sollte heute der

Akzent auf der schlichten symbolischen Andeutung des Krippenszenariums liegen.

Kinder können gerade über die Krippe zur Entfaltung ihrer Meditations- und Gestaltungskräfte geführt werden, im Basteln mit Papier, Metallfolien, Holz oder Ton. Dadurch kann es auch gelingen, sie zu lebendigen Teilnehmern des Weihnachtsgeschehens werden zu lassen und sie an der Gestaltung des gemeinsamen Lebens in der Familie in den vorweihnachtlichen Tagen zu beteiligen.

Die Kindheitsgeschichte Jesu sollte so vermittelt werden, daß die Krippe und das dazugehörige Brauchtum in seiner meditativen Wirkung zur Geltung kommen und nicht einem vordergründigen und historisierenden Verständnis der bekannten Bibelstellen Vorschub leistet.

Eine häusliche *Krippenfeier* kann ihre Bedeutung und ihren Reiz haben – und sie muß keineswegs kitschig sein. Die Familie versammelt sich unter dem Christbaum vor der Krippe, und der Vater oder die Mutter liest das Weihnachtsevangelium. Danach wird gemeinsam ein Weihnachtslied gesungen. Besonders schön kann die Krippenfeier (auch im Kirchenraum) werden, wenn begleitende Instrumente (Blockflöten, Violinen etc.) dazukommen.

MARIA

Viele in der religiösen Erziehung Verantwortliche sind in bezug auf Maria heute unsicher geworden. Sie ist jedoch als Mutter Jesu eine nach Bibel und Theologie zentrale Gestalt der christlichen Heilsgeschichte. Erwählt als Mutter des Messias (Lk 1, 26–38), hat sie den Glauben Abrahams nachvollzogen und ist dadurch auch zur Mutter des *neuen* Gottesvolkes geworden. In ihrer Person sind alle Phasen des Glaubens (Berufung, Nachfolge und Vollendung) gegenwärtig.

Die vielen Marienfeste haben in der katholischen Kirche

noch immer einen hohen Stellenwert. Die evangelische Kirche kennt keine ausgeprägte Marienfrömmigkeit, die auch im Volk wurzelt. In den Marienfesten und in Liturgie, Volksfrömmigkeit, Brauchtum und Kunst bezeugt die Kirche ihren Glauben und ihre Verehrung zu Maria, die kraft der Auferstehung Jesu schon jetzt an der Existenz des künftigen Lebens teilhat. Gegen eine Überbetonung Marias muß festgehalten werden, daß sie nicht losgelöst von Christus betrachtet werden kann, daher in einem christologischen Zusammenhang begriffen und auf ihre biblisch-existentielle Grundlage zurückgeführt werden muß. Nach der Lehre der Kirche ist Maria als einzige voll erlöst und aufgenommen in den Himmel.

Anregend sind gegenwärtig viele Versuche der feministischen Theologie, in Maria eine Frauengestalt zu entdecken, welche die »weibliche Dimension Gottes« symbolisiert – eine ganz und gar prophetische Maria, Schwester einer neuen Kirche.

Von religionspädagogischer Bedeutung ist Maria, weil bei der Bindung an eine personale Gestalt gelebten Glaubens das Verhalten eines Menschen durch Imagination ganzheitlich geprägt wird. Wo die Marienverehrung auf Anrufung und Fürbitte reduziert wird, gehen ihr bedeutsame pädagogische Impulse verloren. Außerdem besteht die Gefahr infantiler Regression durch einseitige Mutterbindung. Maria ist das archetypische Bild der Anima, der Frau schlechthin.

Die Marienverehrung greift tief in das religiöse Leben ein. Maria ist Schutzpatronin von Ländern (besonders Polen, Ungarn, Bayern), von Städten, Kirchen und Seefahrern (›stella maris‹), darüber hinaus häufiger Taufname. Ausgesprochene Marienmonate sind Mai und Oktober (Rosenkranzmonat).

Die wichtigsten Marienfeste:

★ Mariä Reinigung (Lichtmeß)	2. Februar
★ Mariä Verkündigung	25. März

★ Fest Maria Königin	31. Mai
★ Mariä Heimsuchung	2. Juli
★ Fest der Aufnahme Mariens in den Himmel (volkstümlich: Maria Himmelfahrt)	15. August
★ Mariä Geburt	8. September
★ Mariä Darstellung	21. November
★ Mariä Empfängnis	8. Dezember

MUSISCHE ERZIEHUNG

In der gegenwärtigen praktischen Religionspädagogik spielen die musischen Elemente nicht mehr eine so große Rolle wie früher. Die Entsinnlichung und Kognitivierung der religiösen Erziehung hat weite Kreise gezogen. Übriggeblieben sind vielfach nur blasse Information, flügellahme Praxis und dürftige Ethik.

Das Kirchenjahr bietet ungezählte Gelegenheiten, ein stärkeres Gewicht auf die musische Bildung von Kindern zu legen. Musisch bedeutet, offen zu sein für die Aussagen und Gestaltungen der Künste und empfänglich für Assoziationen, Improvisationen, Einfälle und Fähigkeiten, selbst Neues zu schaffen und ihm künstlerischen Ausdruck zu geben. Musische Erziehung zielt dabei nicht auf perfekte Kunstfertigkeit oder künstlerische Beherrschung von Techniken, sondern auf charakterliche Fähigkeiten, sich im Gegensatz zur verzweckten, verplanten und sachdenkerischen Welt für spielerische und schöpferische Imagination zu öffnen. Gegen die Verkopfung der Schule kann musische Bildung ein reiches Mittel sein, Kräfte und Sinne zu wecken für Muße, Besinnung, Ausdruck. Sie löst heraus aus der Rationalisierung der Welt auf scharfe Begrifflichkeit und analytisches Zerlegen, auch aus der Entzauberung und Entseelung der Wirklichkeit, und betont gegenüber der Flüchtigkeit des Erlebens und dem raschen Wechsel der Eindrücke, auch gegenüber einer unzulässigen Intellektualisierung religiöser

Inhalte und Ausbildung einseitig rationaler Kräfte, das Spiel, die rhythmische Bewegung, die Arbeit am Körper, die Erfahrung von Leiblichkeit und Sinnlichkeit.

In der musischen Bildung kommt die Ganzheit des jungen Menschen zum Ausdruck: einer Aufspaltung des Ich wird entgegengewirkt durch das musische Ganzheitserleben in der Einheit von Musik, Sprache, Bewegung. Sie artikuliert Widerstand gegen das bloße Funktionieren des Menschen im gesellschaftlichen und wirtschaftlichen Prozeß, indem es schöpferisches Handeln in der Selbstfindung und Hingabe einübt, Selbstvergessenheit und Gelöstheit ermöglicht, zum gesammelten Nachdenken einlädt.

Auch zur Bildung einer spezifischen Schulkultur kann eine religionspädagogische Aufmerksamkeit für die musische Bildung wichtige Beiträge leisten. Sie kann sich darum bemühen, das Schulleben insgesamt musischer zu gestalten und dadurch lebenswerter, reicher und erfüllter; das Zusammenleben zu humanisieren, das Gefühlsleben aller zu ordnen und zu bereichern.

NAMENSPATRON

Im Alten Testament begegnet uns zunächst die schöpferische, seit der Makkabäerzeit die vorbildgemäße Namensgebung. Die ersten Christen behielten ihre »heidnischen« Namen bei, daneben stehen christliche Prägungen und Vorbildnamen kommen hinzu. Das frühe Mittelalter kennt, vom Orient her beeinflußt, viele alttestamentliche Namen, die bald altgermanischen weichen. Erst im späten Mittelalter setzen sich endgültig die Namen von Heiligen durch. Auch viele Familiennamen sind ursprünglich Heiligennamen. Die Reformation bringt in einigen Gegenden die Wiederentdeckung alttestamentlicher Namen, in pietistischen Kreisen kommt es auch zu schöpferischen Neubenennungen (z. B. Gotthelf).

Der Namenstag schließt die Feier des Geburtstages nicht aus, hat aber im christlichen Lebensraum ein ungleich stärkeres Gewicht. Von religionspädagogischer Bedeutung ist, daß Kinder möglichst viel von ihrem Namen und dem Namenspatron erfahren.

OSTERN

Das Osterfest ist der Höhepunkt nicht nur des Kirchenjahres, sondern der ganzen kirchlichen Pastoral: der Christ ist der österliche Mensch. Für ihn ist Ostern das »Fest der Feste«, an dem er in die Auferstehung des Herrn hineingenommen wird. Die älteste Liturgie feiert in der Osternacht die gesamte Erlösung – Leiden, Sterben und Auferstehung Jesu Christi. Fünfzig Tage dauert die österlich-festliche Zeit, die Feier des neuen Lebens, während die Buß- und Fastenzeit nur vierzig Tage währt. Auch die Nachpfingstzeit gehört zur erweiterten österlichen Zeit – daher auch die Verpflichtung zur Osterkommunion.

☐ In der *Osternacht* hat die Auferstehungsfeier der ganzen Kirche ihren Ort: im Symbol des Lichts (Osterfeuer, Weihe der Osterkerze vor der Kirche, Exsultet, Lichterprozession, in der alle vom Licht der Osterkerze empfangen), dann im Sakrament der Taufe (Taufwasserweihe, eventuell Taufe, Erneuerung des Taufversprechens), schließlich am frühen Morgen des Ostertages in der Meßfeier, in welcher der Herr aus dem Tod in Brot und Wein aufersteht und sich in der Kommunion austeilt. Die aktive Beteiligung der Gläubigen gehört wesentlich zur sinnvollen Feier der Osternacht: Einzugsprozession, Lichterweihe, Taufversprechen; viele Akklamationen werden von der ganzen Gemeinde vollzogen.
☐ Der *Osterfesttag* selber hat gegenüber der Osternachtfeier an liturgischer Bedeutung verloren, was kein Grund sein sollte, letztere ganz auf den Ostermorgen zu verlegen.

Österliches Brauchtum und Segnungen gehen alle von der Anschauung aus, daß zu Ostern alles neu wird.

□ Neben dem Symbol des Lichts ist das *Osterlamm* eine zentrale Darstellung des Osterfestes: schon im Neuen Testament, aber auch in der christlichen Kunstgeschichte und in manchen Volksbräuchen wird Jesus im Bild des Lammes dargestellt. Dahinter stehen Gedanken und Erinnerungen an das Paschamahl des Alten Testaments, das nach dem israelitischen Glauben den Beginn der Befreiung aus der Knechtschaft in Ägypten vergegenwärtigt. In der christlichen Deutung erscheint Jesus als das »fehlerlose Lamm« (Ex 12, 5), das für die Menschen Freiheit bedeutet. Im Religionsunterricht ist nicht sosehr die Herausarbeitung der Symbolik des Osterlammes gefordert (Fehlerlosigkeit des Lammes → Opferung → Sündelosigkeit Jesu), als vielmehr die der eigentlichen Typologie: Was bedeutete das Lamm für die Israeliten damals → welche Bedeutung hat Jesus für uns heute?

□ Der Brauch einer besonderen *Osterkerze* stellt den Triumph Christi über die Mächte der Finsternis und des Todes dar (Exsultet: Der Herr ist wahrhaft auferstanden). Angezündet steht sie im Zentrum der Lumen-Christi-Prozession in der Osternacht. An ihr werden auch alle Kerzen der Gläubigen entzündet.

□ Die *österliche Zeit* (Quinquagesima, Pentekoste) sind die fünfzig auf Ostern folgenden Tage bis Pfingsten.

PASSAH

Die Feier des Passahfestes gehörte zu den wichtigsten Ereignissen im Leben der Israeliten. Man gedachte des »Vorübergangs« (Pascha) des Todesengels, der die ägyptischen Erstgeborenen geschlagen, die Israeliten aber – wegen des Blutes an Türpfosten und Oberschwelle – verschont hatte. Das Paschamahl selber war nach einer genau festgelegten Ordnung aufgebaut und vereinigte hauptsächlich zwei Komponenten: das Frühlingsfest aufbrechender Nomaden, die neues Weideland und damit neues Leben fanden – historisiert im Aufbruch Israels aus Ägypten (Exodus) hin zum Gelobten Land (Palästina) –, *und* das Fest der ungesäuerten Brote, ein bäuerliches Frühlingsfest.

Im Neuen Testament ist die Verbindung des Todes Jesu mit dem Passahfest von besonderer Wichtigkeit. Nach den Synoptikern war das Abendmahl Jesu mit seinen Jüngern ein Paschamahl – in frühchristlicher Deutung: endgültige Freiheit durch den Tod des einen.

PASSION

Mit Passion wird im Wortsinn das Leiden, die Leidensgeschichte Jesu bezeichnet (lateinisch: *patior* – ich leide). Der Tod Jesu mußte für seine Anhänger ein schwieriges Problem sein: Resignation, weil sich die Erwartungen, die man an Jesus herangetragen hatte, scheinbar zerschlagen hatten. Auch die Ostererfahrungen der Jünger vermochten diese Erfahrung nicht lichter zu machen: wie konnte man andere zum Glauben an den von Gott ausgewählten Messias und Erlöser bringen, wenn ihn sein Tod anscheinend als einen von Gott Verfluchten auswies? Wollte man nun den Tod Jesu nicht verschweigen (womit natürlich auch die Auferstehungsbotschaft gefallen wäre), so mußte dieser Weg als von Gott gewollter, ja im Grunde vom Alten Testament schon vorausgesagter Weg dargestellt werden: Jesus ist nicht bloß Opfer, sondern er hat das Leiden freiwillig auf sich genommen; sein Tod ist nicht Schicksal oder Zeichen der Gottverlassenheit, sondern Erfüllung und Zeichen seiner Messianität. Mit immer neuen und zugleich aus dem Alten Testament entlehnten Begriffen versuchte man, Leid und Tod Jesu zu deuten: als Erlösung, Sühne, Lösegeld, Opfer, Versöhnung und Rechtfertigung. Jesus ist der, welcher für »die vielen« stellvertretend gelitten hat, der Gottesknecht, der leidende Gerechte.

SONNTAG

Der Name *Sonntag,* »heidnischen« Ursprungs, wurde christianisiert und auf Christus als »Sonne der Gerechtigkeit« (Mal 4, 2) bezogen. Als liturgischer »Herrentag« wird der erste Tag der Woche schon in neutestamentlicher Zeit gefeiert (1 Kor 16, 2; Apg 20, 7; Offb 1, 10) und tritt als Tag der Auferstehung (Ostern) und der Geistsendung (Pfingsten) bald an die Stelle des jüdischen Sabbat. Die Berechtigung zu dieser Verlegung des von Gott im dritten Gebot eingesetzten Ruhetages vom letzten auf den ersten Wochentag leitet die Kirche aus Mt 12, 8 in Verbindung mit Mt 18, 18 ab.

In der Liturgie ist der Sonntag die ständige Erinnerung an Ostern; vor allem die Sonntage nach Pfingsten tragen den Charakter »kleiner Osterfeste«. Im Mittelpunkt steht die Mitfeier des Erlösungsopfers in der heiligen Messe. Ursprünglich im Zusammenhang damit (um den Sklaven die Teilnahme am Gottesdienst zu ermöglichen) entstand das Verbot der Arbeit, das freilich ein »naturgesetzlich« grundgelegtes (Gen 2, 2), alttestamentliches Arbeitsverbot aufgriff.

Der Sonntag hat eine hohe soziale Bedeutung: der Christ feiert ihn nicht im stillen Kämmerlein, sondern in der Gemeinde, die sich um den Altar versammelt. Für den einzelnen bedeutet der Sonntag nicht nur schöpferische Pause, Erholung, Kräftesammlung, sondern auch Besinnung auf Gott und Nachdenken über die Bereitschaft, das Wort Gottes in den Alltag mitzunehmen.

SPIEL

In der religiösen Erziehung ist nicht nur an das Spiel mit ausgesprochen religiösem Charakter zu denken, sondern an jegliches Spiel, das dazu dienen kann, religiöse Wirklichkeiten in das kindliche Weltbild und Menschenverständnis einzubauen. Aber auch die volkstümlichen Kinderspiele und vieles Kindgemäße aus dem religiösen Brauchtum könnte zur Verlebendigung der religiösen Erziehung beitragen: das Kind lebt in die Welt der Religion hinein, indem es von Gott und seiner Schöpfung hört, singt und spielt. Da Kinderspiele immer soziale Spiele sind, lernt das Kind dabei auch einen beziehungsreichen Umgang mit dem Nächsten, die Bedeutung von »Ordnung«, usw. Auch Spiele mit Regeln brauchen das Kind nicht daran zu hindern, sich selbst mit seinen schöpferischen Kräften einzubringen.

Für die ersten Schuljahre kommen bereits Spiele in Frage, die man als in sich geschlossene Aufführungen bezeichnen kann. Dabei agiert das Kind teils selbst, teils ist es Zuschauer. Puppen- und Stegreifspiele haben einen hohen erzieherischen Wert, wenn es dem Erzieher gelingt, den Spieltrieb des Kindes zu wecken und dessen Ausdrucksfähigkeit einzubeziehen. Auch dem zuschauenden Kind sollte Gelegenheit gegeben werden mitzuwirken – hier räumt vor allem das Puppenspiel viele Möglichkeiten ein; es fordert das Kind immer wieder zur Entscheidung und zum Mittun auf. Spiele mit ausgesprochen religiösem Inhalt sind für die Puppenbühne nicht ausgeschlossen, doch muß hier ein sicheres Stilgefühl entwickelt werden. Auch beim schriftlich fixierten Laienspiel sollte man dem kindlichen Zuschauer die Möglichkeit zum Mitwirken geben. Antwortendes und ergänzendes Mitsingen, etwa beim Krippenspiel, zieht das Kind in das Geschehen hinein: wie die Hirten erlebt es die Freude von Weihnachten.

Insgesamt möchte ich aber warnen vor einer unzulässigen pädagogischen Verzweckung des Spielens. Ein Spielenmüssen mit dem erzieherischen Zeigefinger im Hintergrund wird für jedes Kind unerträglich sein. Spielen darf und soll Ausdruck eines vitalen Bedürfnisses sein. Durch eine katechetische Zwecksetzung und didaktische Festlegung darf nicht verlorengehen, was zum Wesen des Spielens gehört: Ungebundenheit, Zweckfreiheit, Spontaneität. Religiöses

Spiel soll von selbst meditative Vertiefung, Vergegenwärtigung befreiender Erfahrung, Einübung religiösen Handelns vermitteln. Von besonderem Wert in bezug auf biblische Themen kann das Rollenspiel sein.

STERNSINGEN

Das Sternsingen rührt aus dem Mittelalter her, nicht nur die Geburt Christi, sondern auch die Geschichte der drei Weisen (Könige) szenisch darzustellen. Zwischen Neujahr und Erscheinung des Herrn (6. Januar) ziehen Kinder, als Könige verkleidet (Kaspar, Balthasar, Melchior), mit einem Stern von Haus zu Haus und bitten mit einem Lied um Gaben. Seit einigen Jahren werden mit dem Sternsingen missionarische Projekte (Kinderheime, Krankenhäuser etc. für Kinder in Afrika, Asien und Südamerika) verknüpft; mit dem gesammelten Geld werden zumeist diözesan ausgewählte Initiativen unterstützt, um auf diese Weise der Verkündigung und Entfaltung des Evangeliums zu dienen. An die Haustüren wird mit Kreide gezeichnet:

19 C + M + B 82

SYMBOL

In den Symbolen spiegelt sich die Schöpfung Gottes. Sie sind sinnhafte Wirklichkeiten, die sich dem Menschen als Hilfe zur Erfahrung und zur Deutung von Erfahrung anbieten. Die kosmischen Symbole (Himmel, Sonne, Sterne, Licht, Feuer, Wolke, Wind) sind als »Ursymbole« der menschlichen Verfügung entzogen, auch wenn sie immer in der Gefahr stehen, mißdeutet zu werden oder an Kraft einzubüßen. Je mehr sich das Symbol von seiner grundlegenden Bedeutung löst oder zur chiffrenhaften Attrappe verflüchtigt, desto mehr verblaßt es zum bloß sachlichen Zeichen. Im Sakrament erschließt sich die »mystische Wirklichkeit« über symbolisch-sinnliche Handlungen (Wasser – Taufe), die das sakramentale Geschehen verdeutlichen können. Symbolerziehung kann nicht bedeuten, Analogien aus der Sicht des Erwachsenen an das Kind heranzutragen. Sie kann aber beitragen, Gegengewichte zu den intellektualistischen Ansätzen des religiösen Lernens zu entwickeln. Oft vermag auch die meditative Behandlung und spielerisch-szenische Vergegenwärtigung symbolhafter Bibelstoffe die im Kind ruhenden Bildkräfte zu aktivieren.

TRADITION

Unter Tradition (Überlieferung) wird allgemein der Inhalt dessen verstanden, was aus der Geschichte in Sitte und Brauchtum, Sprache und sozialer Ordnung übernommen wird. Theologisch bedeutsam ist Tradition durch die Auslegung der Offenbarung Gottes im Geschichts- und Erfahrungsraum der Kirche im Gang der Geschichte, die auf diese Weise Gegenwart in der Ganzheit von Leben und Lehre (Glaube als gelebte Überlieferung und Erinnerung) gewinnt. Einer Überbetonung der Tradition gegenüber dem Ursprung der Schrift (im katholischen Raum) ist heute Widerstand zu leisten: die schriftgewordene Tradition, wie sie in der Bibel als Gottes Wort und Handeln vorliegt, bleibt für die Kirche verbindlicher Maßstab.

WALLFAHRT

Wenn Wallfahrt eine urtümliche Erscheinung ist – für alle Religionen und auch für das Christentum selbstverständlich – und gerade heute bei uns eine neue Blüte erlebt, dann dürfte klar sein, daß auch viele Kinder und Jugendliche, die eine natürliche Aufgeschlossenheit für Wandern und Reisen entwickeln, für Wallfahrten gewonnen werden können. Wichtig ist, daß man die Wallfahrt über veraltete Formen hinaushebt und von einem Reisebetrieb absieht. Man kann anfangen damit, daß man Jugendlichen Wallfahrtsorte als Wanderziele empfiehlt, dann auch von den Sitten und Gebräuchen der Vorfahren und früheren Generationen erzählt. Besondere Jugendwallfahrten haben in letzter Zeit guten Anklang gefunden, bei denen man Fußweg, schweigende Meditation über ein wechselndes Thema, Gespräch in der Gruppe, Gebet und Lied miteinander verbindet. Am Schluß dieser Wallfahrt – die auch mehrere Gruppen sternförmig zusammenführen kann – kann eine gemeinsame Eucharistiefeier sinnvoll sein.

WEIHNACHTEN

Der Weihnachtsfestkreis ist im Kirchenjahr der jüngere und dem Osterfestkreis nachgebildet. Der Name »Weihnachten« kommt von den zwölf *wihen nachten* nach der Wintersonnenwende – im liturgischen Verständnis steht er für das Geburtsfest Jesu Christi. Das Datum (vom römischen Reichsfest des *Sol invictus*) ist heidnischen Ursprungs. Das Lichtmotiv des christlichen Weihnachtsfestes, popularisiert im Adventskranz und Lichterbaum, hat allerdings auch einen alt- und neutestamentlichen Grund und kommt nicht nur aus den vorchristlichen Mysterien. Ist Weihnachten zu feiern noch möglich angesichts totaler Konsumorientierung *und* dem erschreckend zunehmenden Elend auf der Südhälfte der Erde? Das sogenannte »Christkind« stellt jedenfalls eine Verkürzung der biblischen Botschaft dar, weil man in ihm zu oft nur den niedlichen Geschenkebringer sieht, dessen Funktion genausogut der Weihnachtsmann übernehmen könnte. Weihnachten muß vom gesamten Leben des Jesus von Nazaret her begriffen werden, der den Anbruch des Reiches Gottes verkündigte und durch den Gott sich zeigte, wie er für uns ist, durch den wir erfahren, daß Gott uns liebend Versöhnung anbietet mit sich und anderen. Die Weihnachtserzählungen spiegeln rückblickend die Fülle und die offenbarende Kraft des Lebens Jesu. So finden wir in den Symbolen der Weihnachtserzählungen im Evangelium (Herbergsuche, Krippe, Hirten, Weisen usw.) die Grundzüge der Botschaft Jesu wieder. Themen dieses Festes, die mit Kindern erschlossen werden können, sind: Jesus, der Freund der Menschen/Jesus bringt den Frieden/Jesus ist für Menschen da, die Hilfe brauchen – immer unter der Fragestellung: Warum feiern wir diesen Geburtstag?

Die Erzählung der drei Weisen aus dem Morgenland bringt zum Ausdruck, daß das Licht Jesu so groß ist, daß es bis in die fernsten Erdteile leuchtet. Also: Was Jesus tat und was er uns brachte, leuchtet für alle Länder und alle Zeiten.

Zweiter Teil

Kalenderjahr – Kirchenjahr

Es tickt die Zeit. Das Jahr dreht sich im Kreise.
Und werden kann nur, was schon immer war.
Geduld, mein Herz. Im Kreise geht die Reise.
Und dem Dezember folgt der Januar.

Erich Kästner

Januar

Stichworte des Monats

Ursprung:	Januar ist der römische Name des ersten Monats im Jahr.
Andere Namen:	Schneemonat, Großer Wintermonat, Eismonat, Tür des Jahres, Hartung (wegen der Kälte).
Bedeutung:	Januar (Jänner in Österreich) kommt von Janus, dem doppelgesichtigen römischen Gott des Ein- und Ausgangs.

Neujahr — *1. Januar*

Neujahr wurde früher am Tag der Heiligen Drei Könige (6. Januar) gefeiert, in einigen alten Kalendern findet man noch die Bezeichnung Groß-Neujahr. In den ersten christlichen Jahrhunderten war der Jahresanfang umstritten. Nach der Trennung des Geburtsfestes Christi am 24. Dezember vom Tag der Erscheinung und Taufe des Herrn am 6. Januar

– im 4. Jahrhundert – galt zunächst Weihnachten als Jahresanfang. Noch heute beginnt mit der weihnachtlichen Vorbereitungszeit, dem Advent, das Kirchenjahr. Schließlich wurde im 17. Jahrhundert erst der 1. Januar allgemein als Anfang des Jahres bezeichnet.

Brauchtum: Das Neue Jahr ist Anlaß, es in Gesellschaft zu begrüßen (geschlossener Kreis), mit vielen Hoffnungen, großen Erwartungen und guten Vorsätzen. Für die kommende Zeit wünscht man sich Glück und Segen. Oft wurde der Jahresanfang mit einem Choral vom Kirchturm (im ersten Augenblick des neuen Jahres von Posaunen intoniert) eingeleitet, mit Glockengeläut oder Schiffssirenen. In vielen Gemeinden ist das Neujahrssingen Brauch: Ein Vorsänger zieht mit einem Chor durch das Dorf, macht auf allen Höfen halt und singt dort den Neujahrswunsch, worauf die Sänger von den Hausleuten beschenkt werden. Das Sich-Beschenken spielt ohnehin zu Neujahr eine große Rolle, so daß es in einigen Gemeinden Sitte war, daß Gastwirte ihre Gäste in der Neujahrsnacht umsonst bewirteten: Man stellte vor den Häusern Tische mit Gebäck und Getränken auf, von denen jeder sich bedienen konnte, der vorüberkam. In Skandinavien spielt das Neujahrsfrühstück mit Freunden, Nachbarn und Verwandten eine große Rolle, zu dem der Tisch festlich gedeckt wird mit einem üppigen Frühstück am späten Vormittag. Viele kennen als Neujahrssymbol das Glücksschwein, das an den wilden Eber, das heilige Tier der germanischen Götter, erinnert, oder das vierblättrige Kleeblatt, welches glückverheißend ist. Auch Neujahrsbesuche und Neujahrsgebäck (Brezeln, Backwaren, herzförmige Kuchen) sind vielerorts üblich. Zum Neuen Jahr verschenkt man geschriebene Neujahrswünsche oder Kalender.

Für alles eine Zeit

Eine Zeit zu weinen
zu weinen über die Menschen ohne Frieden
und eine Zeit zu lachen
zu lachen in Gottes großem Glück

Eine Zeit zu klagen
zu klagen über den Hochmut
und eine Zeit zu tanzen
zu tanzen einfach wie ich bin

Eine Zeit zu suchen
zu versuchen wehrlos zu sein
und eine Zeit zu verlieren
zu verlieren die Angst lächerlich zu werden

Eine Zeit zu zerreißen
zu zerreißen die falschen Träume
und eine Zeit zu nähen
zu nähen die gerissenen Bänder der Freundschaft

Eine Zeit zu schweigen
zu schweigen im Geschrei
und eine Zeit zu reden
zu reden wovon du reden mußt

jt

Zum Abschluß des Neujahrsgottesdienstes

Unser Gottesdienst zu Beginn des neuen Jahres ist nun zu Ende. Das heißt: eigentlich beginnt er erst jetzt, in unserem Alltag, in Familie, Schule, Betrieb, bei Freunden und Fremden – das ganze Jahr.

Und doch nehmen wir jetzt Abschied, gehen auseinander,

öffnen die Tür dieses Gotteshauses, um hinauszutreten in eine neue Welt, in ein neues Jahr, in eine neue Freiheit, die uns hier aufgeschienen ist und die verwirklicht werden will.

Gehört es nicht gleichsam zum christlichen Wohnen, daß die Türen nicht verschlossen sind, sondern nur angelehnt? Zum Christsein gehört der Wille, lieber sich berauben zu lassen, als die einladende Tür zu schließen. Schicksale, Ängste, Sorgen, Zweifel anderer eintreten zu lassen wie Gäste, soweit die eigene Kraft reicht. Das Leben wird schwerer dabei. Und es wird wesentlicher.

Für Jesus bedeutete Abschied auch Sendung: »Geht nun zu allen Völkern der Welt und macht die Menschen zu meinen Brüdern und Schwestern.« Senden aber hat etwas mit Empfangen zu tun, Türen öffnen mit Eintretenlassen.

Sendung, was heißt das anderes, als sich die Schlüssel zu reichen, sich in der Hoffnung von Gott stärken zu lassen. Wir werden diese Schlüssel brauchen zu den Toren des »neuen Jahres«, der »neuen Stadt«, des Reiches Gottes, das unter uns schon angebrochen ist. Wir brauchen sie jetzt, unterwegs, als Zeichen, daß wir *uns aufschließen, die verschlossenen Hände auftun wollen, um dieses Reich einzulassen in die friedlose Welt. Wir brauchen sie füreinander und für alle jene, denen wir begegnen.*

(Es werden kleine Schlüssel aus farbiger Pappe verteilt, auf denen folgender Text abgedruckt ist: Wir sind Gesandte. Nimm diesen Schlüssel mit auf deinen Weg, damit du die Tore zu den Menschen öffnen kannst. Ich wünsche dir zum neuen Jahr . . . – Die Schlüssel werden ausgefüllt und untereinander ausgetauscht.)

jt

Das verflixte Jahr (Rätseltext)

6. Januar: *Heute wollte ich endlich einmal die heiligen drei Könige sehen. Es war aber nur einer da. Der saß auf einem*

Schimmel, hatte einen langen Mantel an, ein Holzschwert an der Seite, und viele Kinder liefen mit Laternen hinterher.

2. Februar: *Für die Lichterprozession in der Marienkirche habe ich Stecken und Zweige von Weidenkätzchen gesammelt und daraus einen wunderschönen Palmbusch gesteckt.*

14. Februar: *Ich kann gar nicht einschlafen. Wann der heilige Valentin wohl kommt und die Geschenke bringt? Hoffentlich reichen die zwei Paar Stiefel und die fünf Paar Schuhe aus, die ich extra vor die Tür gestellt habe.*

Ein verrückter Tag im Narruar: *Ich bin total durcheinander. Glaubt ihr, ich würde die Kräuter zusammenbekommen? Es ist wie verhext. Königskerze, Thymian, Johanniskraut, Meisterwurz, Schafgarbe, Arnika, Tausendgüldenkraut, Baldrian und Basilikum habe ich den ganzen Tag über vergebens gesucht. Und nun ist es schon fast Nacht. Ob das am Wetter liegt, daß ich nichts finde?*

Aschermittwoch: *Die Narrentage sind endlich vorbei und es beginnen die Engeltage. Halleluja!*

Palmsonntag: *In der Sonntagsmesse war der Altar mit Ähren und Blumen geschmückt. Nach der Messe wurden Getreide, Obst und Blumen gesegnet. Palmen konnte ich dabei aber seltsamerweise nicht entdecken.*

Ostern: *Komisch. Wir hatten noch nicht einmal schulfrei! Warum der Priester mir die Stirn mit zwei Strichen schmutzig gemacht hat, möchte ich auch gern einmal wissen. Er erzählte irgend etwas von Tod und Buße. Und das zu Ostern!*

Christi Himmelfahrt: *Wie jeder weiß, schießt man zum Gedenken an diesen Tag allerlei Feuerwerkskörper in den Himmel.*

Pfingsten: *Dieses Fest erinnert mich vor allem an die Geburt eines Heiligen, der gerne mit Wasser umging. Aber zu Pfingsten passieren auch wunderliche Dinge, man kann Elfen und Zwerge sehen, verwunschene Jungfrauen erlösen und versunkene Glocken läuten hören. Aber warum gerade zu Pfingsten, wo die Sonne am höchsten steht? Nun, warum nicht?*

Fronleichnam: *Die Fronleichnamsprozession machte mir unheimlich Spaß. Ich habe mich als Clown verkleidet und viele Leute angelacht. Und am besten war, daß mich keiner erkannte.*

Johannistag: *An diesem schönen Tag wurde Jesus geboren.*

15. August: *Als Maria zum Himmel fuhr, versammelten sich viele Menschen, um ihr dabei zuzuschauen. Und als sie weg war, kam ein Brausen vom Himmel und alle wurden vom heiligen Geist erfüllt.*

Michaelistag: *Michael heißt übersetzt: Wer ist Gott? Und da diese Frage am besten die Heiligen beantworten können, feiere ich Ende September ihr großes Fest.*

Erntedank: *Ich habe einen bunten Strauß Blumen gepflückt und einen Kuchen gebacken. Er soll aussehen wie ein Herz, ähnelt aber mehr einem Stück Kohle. Trotzdem habe ich beides meiner Freundin Valentina geschenkt. Über den Strauß hat sie sich sehr gefreut.*

1. November: *Ich feiere »Allerheiligen«, das Fest dreier berühmter Heiliger, die einem besonderen Stern nachreisten. Du auch?*

11. November: *Dieser Tag wird bekanntlich zur Erinnerung an die Einsetzung des allerheiligsten Sakraments gefeiert. In*

einer großen Prozession, Martinszug genannt, singen wir Lieder und machen vor mehreren, im Freien aufgestellten Altären Halt.

6. Dezember: *Wenn alle, die Klaus heißen, Namenstag haben, ist der Winter schon so gut wie vorbei. Der Frühling hält Einzug, es ist Vatertag und wir feiern ein Ereignis aus der Bibel, das mit einer Fahrt ins Blaue nichts zu tun hat.*

24. Dezember: *Endlich Weihnachten! Gleich nach dem Aufstehen sind wir in den Garten gestürmt und haben die Eier gesucht. Das war gar nicht einfach. Manche lagen einen Meter tief im Schnee. Aber wir haben sie alle gefunden.*

31. Dezember: *Zur Feier der Jahreswende lasse ich mir mit anderen Rätselfixen in einer besonderen Lichtmesse alle Kerzen weihen, die wir im Lauf des neuen Jahres brauchen werden.*

tk

Epiphanie/Dreikönig *6. Januar*

Epiphanie ist ein religionsgeschichtlicher Zentralbegriff für das Sichtbarwerden Gottes in der Welt – im Christentum für die Erscheinung Gottes, die historisch in Jesus Christus greifbar geworden ist. In seinem Ursprung stellt das Epiphaniefest wahrscheinlich die christliche Umformung eines heidnischen Festes am 6. Januar (genauer: in der Nacht vom 5. auf den 6. Januar) dar, in der in Alexandrien die Geburt des Gottes Aion, der Verkörperung des Zeit-Ewigkeits-Begriffs, aus der Jungfrau Kore gefeiert wurde. Das auf den gleichen 6. Januar gelegte Dionysoswunder mit dem in Wein verwandelten Wasser wurde christlich auf das Taufwasser umgedeutet (Gedächtnis der Taufe Christi und des Wunders in Kana). Die Weihe von Wasser an der Vigil von Epiphanie ist auch heute noch üblich.

Epiphanie ist das zweite Hochfest der weihnachtlichen Zeit, gleichzeitig das Fest der Heiligen Drei Könige oder Weisen aus dem Morgenland, von deren Reise hinter dem Stern das Evangelium dieses Tages erzählt. Kaspar, Melchior und Balthasar sind wegen ihrer weiten Reise auch die Schutzpatrone der Reisenden. Viele Wirtshäuser tragen noch heute Namen, die an sie erinnern (Zur Krone, Zum Stern, Drei Könige etc.).

Das Sternsingen ist an diesem Tag ein weitverbreiteter Brauch. Es entstand aus den Dreikönigsspielen in vielen Klöstern und Kirchen und stammt aus dem Mittelalter. Heute ziehen meist Kinder, als Könige verkleidet, durch die Gemeinde und singen in den Häusern ein Lied. Sie tragen einen großen Stern mit sich und malen mit Kreide an den Türbalken C + M + B (was nicht, wie oft behauptet, die Anfangsbuchstaben der Namen bedeutet, sondern Christus Mansionem Benedicat: Christus segne dieses Haus).

Die Sternsinger

Was die drei von anderen Sternsingern unterschied, war, daß sie kein Lied sangen und kein Geld sammelten. Lieder singen konnten sie nicht, denn dazu fehlte ihnen die Kraft. Und Geld sammeln wollten sie nicht, da sie, wie die heiligen drei Könige, keine Zeit hatten, sich aufzuhalten.

»Siehst du ihn?« fragte Karl aufgeregt.

»Ja, er ist wunderschön!« antwortete Bettina.

»Er ruft uns!« flüsterte Moritz.

»Er ist ganz nah!« sagte Karl mit leuchtenden Augen.

»Gleich über dem Wald!« rief Bettina.

»Ich fühle es ganz deutlich!« sagte Moritz. »Wir müssen ihm nach!«

Die drei fuhren aus ihrem Zimmer. »Wir wollen noch eine kurze Spazierfahrt um das Heim machen«, erklärten sie dem erstaunten Pfleger.

Nachdem er sie angezogen hatte, fuhren sie los. Schweigend. Einer hinter dem anderen. Die Anhöhe hinunter zur Dorfstraße. Als sie die letzten Häuser des Dorfes hinter sich gelassen hatten, weiter auf der einsamen Landstraße. In Richtung auf den schwarzen Wald.

Leise summten die Elektromotoren der Rollstühle in der stillen Nacht. Voll aufgeladene Batterien halten etwa dreißig Kilometer. »Aber er ist ja so nahe«, flüsterte Karl mit glänzenden Augen. Wie weit sie in der Nacht gekommen waren, ist nicht bekannt. Jedenfalls wurden sie in den frühen Stunden des nächsten Tages zurückgebracht. Es ging ihnen den Umständen entsprechend gut. Sie hatten nur leichtes Fieber und phantasierten ein wenig. Von einem sonderbaren Stern.

tk

Herrn Winters Anzeige

Rettet die Schneeflocken! Unterstützt die Hilfsaktion für die Schneeflocken! Was ist passiert?

Unzählige dieser zarten, unschuldigen Gebilde enden kläglich. Sie färben sich grau und schwarz in den Abgasen der Großstädte, sie schmelzen zu Matsch im Streusalz der Straßen; sie müssen sich auf ihrem sanften Flug alle möglichen Beleidigungen gefallen lassen!

Deshalb: Schützt den weißen Schnee! Gebt den heimatlosen Schneeflocken eine Chance. Schafft Flächen, auf denen sie sich nach ihrer gefährlichen Landung wohl fühlen. Selbst kleinste Flecken können helfen.

Die Belohnung ist groß. Sie wird in Schneebällen und Schneemännern ausbezahlt.

Meldungen an Herrn Winter in Winterberg

tk

Februar

Stichworte des Monats

Ursprung: Februar hat seinen Namen nach dem römischen Februarius, dem Reinigungsmonat.
Andere Namen: Taumond, Schmelzmond, Narrenmond.

Maria Lichtmeß *2. Februar*

An diesem Tag begeht die Kirche Mariä Reinigung und die Darstellung des neugeborenen Kindes im Tempel. Es ist ein hoher Feiertag, der schon römischen Ursprungs ist, denn bereits im 5. Jahrhundert vor Christus wurde er zu Ehren der römischen Februa gefeiert, mit Umzügen, Kerzen und Fackeln.

Noch heute ist das Licht eines der ausdrucksstärksten Symbole dieses Festes. »Lichtmeß« kommt von der Kerzenweihe: Man läßt an diesem Tag alle Kerzen weihen, die im Laufe des Jahres in der Kirche und in der Familie gebraucht werden. Diese Kerzen schützen vor allerlei Gefahren, vor Feuer und Blitzschlag. In einigen Landstrichen machen die Kinder mit frisch geweihten Lichtern Laternenumzüge.

Maria

Eine Mutter wie meine Mutter
eine Mutter, die unter Schmerzen
ihr Kind bekommt:
Maria

Eine Mutter wie Pedros Mutter
eine Mutter, die in einem Land lebt
das von Soldaten besetzt ist:
Maria

Eine Mutter wie deine Mutter
eine Mutter, die ihrem Sohn
vom Glauben ihrer Väter erzählt:
Maria

Eine Mutter wie Barbaras Mutter
eine Mutter, die an ihr Kind glaubt
und die es nie aufgibt:
Maria

Eine Mutter wie die unbekannte Mutter in El Salvador
eine Mutter, die ihren Sohn
tot in den Armen hält:
Maria

Eine Mutter wie Brygidas Mutter in Warschau
eine Mutter, die hofft
auf ein Land ohne Tränen und Gewalt:
Maria

jt

Valentinstag *14. Februar*

Der Valentinstag ist einer der schönsten Festtage im Jahr – vielleicht weil er auch der Tag der Liebenden ist? Das Herz ist ein Symbol, deshalb werden kleine Blumensträuße in Herzform gebunden und Kuchen in der entsprechenden Form gebacken. Seit dem Mittelalter ist der Valentinstag das eigentliche Fest der Jugend und der Liebe: man lädt sich gegenseitig ein, beschenkt sich mit Karten und Blumen. An diesem Tag wurden große Gastmähler veranstaltet, Festmahlzeiten und Tischgelage der Gilden, Zünfte und Bruderschaften. Mit Valentin beginnt in Süddeutschland die eigentliche Faschingszeit mit den großen Bällen, Künstler- und Maskenfesten.

Ein Herz für dich

Ein Herz für dich:
damit du Brücken baust zu anderen Menschen
und die Mauern überwindest.

Eine Blume für dich:
damit du weißt, daß ich dich liebe
und wir tanzen und träumen können.

Ein Gruß für dich:
damit du spürst, daß wir den Frieden brauchen
und wir zusammen stark werden.

jt

Fastnacht *Februar*

Die Kirche hat immer ihre Schwierigkeiten mit dem Fastnachtsspuk gehabt – ihr war diese Zeit der heidnischen Bräuche verdächtig. Jedenfalls ist es ihr gelungen, dem Fastnachtstreiben mit dem Fasten- und Abstinenztag Aschermittwoch endgültig ein Ende zu bereiten.

Fastnacht kommt aus dem mittelhochdeutschen vasenaht, was so viel bedeutet wie Unfug in der Nacht – aus Freude über den nahenden Frühling. Lange vor dem 12. Jahrhundert wurde in dieser Zeit bereits ein altes Fruchtbarkeits- und Vorfrühlingsfest gefeiert. Masken, Mummenschanz und Winterspiel sind auch heute noch gepflegte Bräuche der Fastnachtszeit. Besonders im Südwesten und Westen haben sich viele Formen herausgebildet: Bekannt sind nicht nur Karneval an Rhein und Main, sondern auch die Freiburger Fastnacht, der Münchner Fasching und die Baseler Fasnacht mit Morgenstreich, Taganrufen, Narrengericht, Hexenlaufen und Tänzen.

Brauchtum: Fastnachtsspeisen sind meist füllig und fetthaltig. Der Schmaus hatte seinen Grund: Die Wintervorräte konnten getrost dem Ende zugehen und man wollte sich noch einmal vor dem großen Fasten etwas Gutes gönnen. Die Mahlzeiten bestehen daher aus viel Fleisch (Bratwurst).

Der letzte Donnerstag vor Aschermittwoch wird Weiberfastnacht genannt, heute ein sehr »feministisches« Fest. Weitere Höhepunkte des Fastnachtstreibens sind Rosenmontag (Umzüge an Rhein und Main, aber auch in vielen Orten Westfalens) und Fastnachtsdienstag – um Mitternacht wird der »Fastnacht« begraben: eine Strohpuppe wird um Mitternacht aus dem Dorf getragen, verbrannt oder in den Bach geworfen. Das weitverbreitete Wort »Karneval« kennt mehrere hübsche Erklärungsversuche: die einen leiten es ab aus *carne val* (Fleisch leb wohl), die anderen, weniger scherzhaft und auch wahrscheinlicher, aus dem *carrus navalis,* einem Schiffskarren, mit dem sich die Göttinnen der Fruchtbarkeit und des Frühlings durch die Lüfte oder über Land und Wasser bewegen – und der als Räderwagen bei vielen Umzügen wiederauftaucht.

Lied der kleinen Narren

Träumer und Clowns erhalten die Macht,
wer sich aufspielt, wird ausgelacht:
die ganze zerstrittene, heillose Welt
wird Fastnacht auf den Kopf gestellt.

Verschlossene Hände tun sich auf,
das Leben nimmt einen anderen Lauf,
schon jetzt, wenn das Fest der Narren beginnt
unter allen, die guten Willens sind.

Die Bibel singt von neuer Erde,
von einer friedlich vereinten Herde:

von Löwen, die neben Böcklein liegen,
und Wölfen, die sich an Schafe schmiegen.

Die schönsten Träume sind noch nicht wahr,
auch nicht zum Fasching im Februar.
Und doch erinnert die spaßige Welt
an das, was noch kommt – und wirklich zählt.

jt

Narren

Langsam öffnete sich das große Eisentor des Altersheims »Zur sanften Ruhe«. Heraus schaute ein bunter Indianerkopf. »Wo bleiben sie nur?« Er blickte nach beiden Seiten. »Los, kommt!« Eine alte Hexe mit krummer roter Pappnase folgte. Sie zog einen Rollstuhl hinterher. Darin saß ein Braunbär.

Das war aber ein seltsamer Bär, denn er rauchte Pfeife. »Kein Verlaß auf die ...« »Kinder« wollte er sagen. Aber da schrie eine helle Stimme von weitem: »Wir kommen, Opa!«

Tatsächlich!

Herangelaufen kam eine kleine Schar seltsamer Wesen. Wenn die mißtrauische Krähe, die sich eiligst in einen hohen Baum verzog, richtig gesehen hatte, waren es zwei Clowns, ein spanischer Torero und ein Indianermädchen. Ach ja, und ein Dackel. Oder sollte das ein Bernhardiner sein?

»Hallo, Opa«, rief das kleine Indianermädchen atemlos. »Ihr habt es also doch geschafft?«

»Na klar!« rief der Indianer. »Die Heimleiter wollten uns zwar nicht gehen lassen, aber ...«

»Alte Narren nannten sie uns«, schrie mit gellender Stimme die Hexe. »Und heute haben sie sogar recht. Doch die größeren Narren, das sind sie!« Die Hexe lachte, wie eben nur Hexen lachen können.

»Närrische Dummköpfe«, brummte der Braunbär. »Jetzt aber keine Zeit verlieren!«

Und gemeinsam zogen sie davon. Sie sangen fröhliche

Lieder und machten lustige Witze. Sie trafen viele andere närrische Leute, und zusammen bildeten sie einen großen Zug. Und wer ein richtiger Narr war, sah keine kleinen und großen, keine jungen und alten Leute. Er sah nur einen großen bunten Haufen von lauter Narren.

Und aufgepaßt! Vielleicht warst du ja auch dabei.

tk

Aschermittwoch

Mit dem Aschermittwoch beginnt die eigentliche Fastenzeit, die Heilige Quadragesima, das vierzigtägige Osterfasten. Für die Christen sind diese Tage eine Zeit der Vorbereitung auf Ostern, zu denen Schriftlesung, Fasten, Beten gehört, aber auch der Verzicht auf Unterhaltungen, Bälle, Partys und öffentliche Veranstaltungen.

Das Symbol des Tages ist Feuer/Asche. Das Feuer ist ein Sonnensymbol, denn die Sonne überwindet den Nebel, und das Feuer ist ein Sinnbild für die Überwindung des Todes. Am Vormittag des Tages findet in den katholischen Kirchen die Segnung mit dem Aschenkreuz auf die Stirn statt. Sie ist die Asche der geweihten Palmzweige vom vorhergehenden Palmsonntag.

Der ver-rückte Narr

Vor nicht langer Zeit machte in einer bekannten Narrenstadt im Rheinland ein namenloser Narr Schlagzeilen. Das ganze Jahr über, so stand in einigen Lokalzeitungen zu lesen, trug er das Narrenkostüm. Nur in der Fastnacht, von Weiberfastnacht über Rosenmontag bis Karnevalsdienstag, legte er es ab, um es dann am Aschermittwoch wieder anzuziehen.

Welche Erlebnisse er damit hatte, und vor allem, warum er dies tat, war den Meldungen leider nicht zu entnehmen.

tk

Genug Asche?

Ein Mensch, dem das Lachen vergangen war, rannte vor Aschermittwoch in alle Kirchen, die er erreichen konnte. »Habt ihr genügend Asche für die vielen Büßer geweiht, die kommen müssen? Die Welt ist wieder schlechter geworden. Dieses Jahr reicht die Asche nicht. Sie kann gar nicht reichen!«

Und er fiel auf die Knie und betete zu Gott, daß die Asche ausreichen möge.

»Sie reicht«, sagten die Pfarrer gelassen, die die Anzahl ihrer Kirchenbesucher genau kannten.

Und sie hatten recht. Das meiste blieb nach Verteilung der Aschenkreuze sogar noch übrig.

Aber am Abend betete der Mensch wieder zu Gott, daß die Asche ausreichen möge.

tk

Fastenzeit

Unter Fastenzeit versteht man die vierzig Tage von Aschermittwoch bis Karsamstag. Die Zahl vierzig ist für die Dauer der Fastenzeit nicht ohne Bedeutung: vierzig Tage dauert die Zeit von Ostern bis Himmelfahrt, vierzig ist die Zahl der Fülle, des Gerichts, der Vorbereitung, vierzig Tage regnete es bei der Sintflut, vierzig Tage war Mose auf dem Berg Horeb, vierzig Jahre zogen die Israeliten durch die Wüste in das Gelobte Land, vierzig Tage wanderte Elija zum Horeb, vierzig Tage betrug die Bußzeit in Ninive, vierzig Tage und vierzig Nächte fastete Jesus in der Wüste.

Fasten gehörte auch schon zum alten heidnischen

Frühlingsritual. In früheren Jahrhunderten waren die christlichen Vorschriften sehr streng: kein Fleisch, an Montagen, Mittwochen und Freitagen außerdem keine Milch und keine Eier. Erlaubt waren Fische, Mehlspeisen, Hülsenfrüchte, Gemüse und Früchte. Die Fastenvorschriften, nach denen Erwachsene zwischen einundzwanzig und sechzig Jahren sich nur einmal am Tag satt essen dürfen, ohne Fleischgerichte, bestehen für die Gläubigen heute nur noch am Aschermittwoch und Karfreitag.

Die Namen der Sonntage in der Fastenzeit werden durch biblische Texte bestimmt, meistens durch die Sonntagspsalmen:

Erster Fastensonntag *Invocabit* (Er ruft mich an) Ps 91, 15
Zweiter Fastensonntag *Reminiscere* (Gedenke Herr) Ps 25, 6
Dritter Fastensonntag *Oculi* (Meine Augen) Ps 25, 15
Vierter Fastensonntag *Laetare* (Freuet euch) Jes 66, 10
Fünfter Fastensonntag *Judica* (Schaffe Recht mir, Gott) Ps 43, 1

An diesem Passionssonntag steht der leidende Christus im Vordergrund. In der Messe werden Altarkreuz und Altarbilder mit dunklen Tüchern verhüllt, um an die Erniedrigung Jesu zu erinnern.

Brauchtum: Die Fastenzeit kennt zahlreiche Bräuche, unter anderem Kreuzweg, Passionsspiele, Heringsschmaus, Saatgang, Palmzweige an Kruzifix, Spiegel oder Heiligenbildern, Grünes Essen zum Gründonnerstag (Spinat, Grünkohl, Suppe aus siebenerlei oder neunerlei Grünkräutern), usw.

Fasten, aber wie?

Jan hatte jemanden, den viele Kinder in der heutigen Zeit anscheinend nicht mehr haben. Er hatte einen Großvater, mit dem er sich über alles unterhalten konnte. »Du, Opa«, fragte er eines Abends vor dem Einschlafen im Bett.

»Ja, Jan?«

»Jetzt beginnt doch die Fastenzeit. Wenn ich auch fasten will, wie fange ich das wohl am besten an?«

»Das kommt ganz auf dich an!« erwiderte der Großvater. »Was bist du denn bereit zu tun?«

»Auf der Karnevalsfeier habe ich Onkel Herbert gefragt, wie er denn fasten würde.«

»Und?«

»Erst wußte er gar nicht, was er sagen sollte. Aber dann hat ihn Tante Lisa drohend angeguckt. Und dann meinte er, er würde jetzt viel weniger Auto fahren als sonst, um so eine Menge Benzin zu sparen.«

»Sicher«, meinte Jans Großvater, »das ist genau das richtige für dich in der Fastenzeit! Benzin sparen! Wie viele Autos hast du denn?«

»Na ja, es war nur ein Spaß. Übrigens, Tante Lisa hat sich fest entschlossen, von allem nur noch die Hälfte zu essen. Das könnte ich ja auch tun!«

»Hm.« Der Großvater runzelte die Stirn. »Erstens darfst du gar nicht nur noch die Hälfte von allem essen, denn du willst ja noch wachsen. Und zweitens, du kennst ja Tante Lisa. Sie ist so dick, daß die Hälfte von allem für sie immer noch viel zu viel ist.«

Jan dachte angestrengt nach und schaute überlegend an die Decke. »Mein Freund Robert sammelt wieder alle Süßigkeiten in einer großen Dose!«

»Ja, aber so bettelt er sich viel mehr Süßigkeiten zusammen als sonst. Und außerdem, erinnerst du dich nicht, wie du Robert letztes Jahr am Ostersonntag besucht hast? Du hast es mir doch selbst erzählt, wie er mit schrecklichen Bauchschmerzen im Bett lag, und neben ihm stand die halbleere große Dose. Meinst du, das ist das Richtige?«

»Auf keinen Fall!« sagte Jan. »Ich hasse Bauchschmerzen. Aber was soll ich denn sonst machen?«

»Nun stell dich doch nicht so dumm«, schmunzelte sein Großvater. »Ich kenne dich doch. Du hast dir bestimmt schon etwas Besseres ausgedacht.«

»Nun ja«, gestand Jan, »ich habe mir eigentlich vorgenommen, nur noch Fernsehen zu gucken, wenn es etwas Gescheites gibt.«

»Sehr schön«, meinte der Großvater und lächelte verständnisvoll. »Ein sehr schwerer Entschluß für dich, ich weiß! Nur, hast du dir auch überlegt, wie du die viele Zeit nutzen willst?«

»Ja«, sagte Jan und blinzelte dem Großvater zu. »Da gibt es wohl eine ganze Menge zu tun.« Er setzte einen sehr gequälten Gesichtsausdruck auf.

»Das kann man wohl sagen!« Der Großvater lachte und blinzelte zurück. »Eine ganze Menge. Aber soweit ich kann, helfe ich dir natürlich dabei, damit es dir auch Spaß macht. Und jetzt gute Nacht, Jan. Schlaf gut!«

»Gute Nacht, Opa«, erwiderte Jan und war schon halb eingeschlafen.

tk

März

Stichworte des Monats

Ursprung: Der Name März geht zurück auf Mars, den römischen Kriegsgott.

Andere Namen: Lenzmonat, Lenzing, Frühlingsmond.

Frühlingsanfang — *21. März*

Am 20. und 21. März ist das Frühlings-Äquinoktium (Tagundnachtgleiche): Frühlingsanfang. Kinder sind früher durch das Dorf gezogen, um mit Weidenkätzchen, Bändern, roten Äpfeln den Frühling zu begrüßen. An diesem Tag begann man mit der Bäckerei von Sonnenrädern, weil sie die aufsteigende Sonne symbolisieren.

Mariä Verkündigung — *24. März*

Mariä Verkündigung ist eines der ältesten Feste der Kirche; es stammt aus dem 5. Jahrhundert. Dieser Tag ist gleichzeitig der Festtag des Engels Gabriel, der als Bote Gottes zu Maria geschickt wurde.

Frühlingsboten

Heute tummelte sich eine wilde Horde Sonnenstrahlen auf der Erde. Ehrfurchtslos stanzten sie tiefe Löcher in den Schnee, rangen den Eiszapfen manche ungewollte Träne ab und überredeten das Thermometer mit glänzenden Versprechungen dazu, steil nach oben zu klettern. Als die Sonnenstrahlen dann ihren Übermut bereuten und wie auf ein Kommando plötzlich verschwanden, war es schon geschehen.

Ein Schneeglöckchen hatte als erstes die Botschaft vernommen. Es öffnete voreilig die Knospe. Jedoch weit kam es nicht, als der Frost zum Gegenschlag ausholte und die zarten Blütenblätter erstarren ließ.

Aber unzählige Pflanzen waren bereit.

Ein Igel hatte die Botschaft ebenfalls gespürt. Vorwitzig streckte er seine schmale Schnauze aus dem Erdloch und sah sich um. Man hörte ein enttäuschtes Schnaufen. Dann zog er sich schnell wieder zurück.

Aber vielen Tieren im Winterschlaf schlug das Herz schneller.

Ein kleines Rotkehlchen war der Botschaft gefolgt. Erschöpft von der langen Reise, flog es auf einen tropfenden

Zweig, um sich das Gefieder bescheinen zu lassen. Es dauerte nicht lange, bis es dann anfing zu zittern und mit den Flügeln zu schlagen, um warm zu bleiben.

Aber Millionen Zugvögel waren zur selben Zeit nicht mehr fern.

Marion spielte im Garten, als sie die Botschaft erreichte. Sie wurde fröhlich und lachte.

Aber kein Mensch hörte darauf.

tk

April

Stichworte des Monats

Ursprung: April ist der vierte Monat im Kalender, der zweite nach der römischen Zählung. Das Wort kommt vom lateinischen Verb *aperire* (öffnen).

Andere Namen: Launing (Anspielung auf das Wetter), Ostermonat (weil Ostern meist in den April fällt: Ostern wird am ersten Sonntag nach dem auf Frühlingsanfang folgenden Vollmond gefeiert; frühester Termin für dieses Fest ist also der 22. März, der späteste am 25. April).

Walpurgisnacht — *30. April*

Kein Feiertag des Kirchenjahres, aber ein Tag mit vielen Bräuchen: die Nacht der Hexen, die auf einem Besen auf den Blocksberg im Harz reiten, um mit dem Teufel zu tanzen. In dieser Nacht sind alle Zaubermächte entfesselt. Obgleich die Kirche das Fest der heiligen Walburga feiert, der Patronin der Bauersfrauen und Mägde, steht doch im Mittelpunkt der Spuk mit Krach, Übermut, Feuer, Zauberei, Strohhexe im Feuer, Abschied vom Winter und Tanz in den Mai.

Karwoche

Die Karwoche beginnt am Palmsonntag und endet am Karsamstag. »Große Woche« hieß sie in Jerusalem schon um 400 n. Chr. – diese Bezeichnung ist in der römischen Kirchensprache erhalten geblieben und heute noch üblich.

Andere Bezeichnungen sind: Stille Woche oder Heilige Woche, auch Trauerwoche (daher, von althochdeutsch *chara* oder *cara*, die Trauer, der Name Karwoche).

Karwoche

Grün ist die Hoffnung, sagt man
auch am Gründonnerstag?
Hoffnung ist in deinem letzten Mahl
und Zukunft für die Freunde

Rot ist die Liebe, sagt man
auch am Karfreitag?
Liebe ist in deinem Kreuz
und Zukunft für die Feinde

Schwarz ist die Nacht, sagt man
auch am Karsamstag?
Nacht ist in deinem Grab
und Zukunft für die, die glauben

Blau ist der Traum, sagt man
auch am Ostersonntag?
Mehr als ein Traum ist dein Auferstehn
und Zukunft und Freude für alle

jt

Palmsonntag

Mit diesem Sonntag beginnt die Karwoche. *Palmarum* ist der Erinnerungstag an Jesu Einzug in Jerusalem (Mt 21). Die katholische Meßfeier beginnt mit der Palmweihe – eine symbolische Wiederholung des Jubels von Jerusalem mit Palmen (Symbole des Sieges über den Fürsten des Todes) und Ölzweigen (Symbole des Friedens). Nach alter Vorstellung sind Jesus Kinder entgegengelaufen, daher gibt es in vielen Kirchen noch die Kinderprozession mit festlich geschmückten Palmstecken. Die Palmen werden je nach Region und Landschaft ersetzt durch »Palmkätzchen« (Weidenkätzchen), Buchsbaum, Immergrün, Wacholder, Haselzweigen oder Stechpalmen mit roten Beeren. Auch Herzen mit den beiden Buchstaben AM (Ave Maria) werden oft mitgeführt.

Der »richtige« Palmbusch besteht in manchen Gegenden aus immer dreierlei vom Gleichen: drei Buchszweige, drei blühende Palmkätzchen, drei Stechpalmenzweige, drei lange blühende Haselruten etc. Die Kinder tragen die Palmbuschen zur Kirche, wo sie geweiht werden. Anschließend werden sie mit nach Hause genommen und am Kruzifix angebracht. Der fromme Glaube schreibt ihnen Schutz- und Segenswirkung zu. Mancherorts werden die Zweige auch in warmes Wasser gestellt und am Karsamstag mit ausgeblasenen und buntbemalten Eiern geschmückt.

Gründonnerstag

Der Gründonnerstag ist der Tag der Versöhnung, die letzten Stunden vor dem Kreuzestod Jesu. In der Kirche verstummen nach dem Gloria Orgel und Glocken. Der Priester entblößt in vielen Gegenden alle Altäre, verhängt Kruzifixe und Bilder mit violettem Stoff und statt der Glocken erklingt auf dem Land der Lärm der Holzratschen, mit denen die Jungen durch das Dorf ziehen.

Jesus hat mit seinen Jüngern am Tag vor seinem Tode das Osterlamm verzehrt. Dieses letzte Abendmahl ist ein Zeichen des Neuen Bundes. Zur Erinnerung daran findet in Rom, aber auch in vielen Bischofskirchen und in Klöstern die symbolische Handlung der Fußwaschung statt.

Karfreitag

In der evangelischen Kirche ist der Karfreitag der höchste Feiertag im Jahr und steht unter strengem Fasten, Stille und Besinnung. Statt Kirchenlieder werden Trauergesänge gesungen, Orgel und Glocken schweigen noch immer. Die Arbeit ruht und Tanz und lärmende Freude ist untersagt.

In der katholischen Kirche steht die Enthüllung und Verehrung des Kreuzes im Mittelpunkt. In manchen Kirchen wird ein »Heiliges Grab« aufgestellt mit der verschleierten Monstranz. Kreuz- oder Marterbrote zu backen ist an diesem Tag in einigen Familien Sitte: es handelt sich um Brötchen aus Hefeteig, in deren Oberfläche ein Kreuz eingeschnitten wird.

Der Tod Jesu

Als die sechste Stunde kam, brach über das ganze Land eine Finsternis herein. Sie dauerte bis zur neunten Stunde. Und in der neunten Stunde rief Jesus mit lauter Stimme: Eloi, Eloi, lama sabachtani?, das heißt übersetzt: Mein Gott, mein Gott, warum hast du mich verlassen? Einige von denen, die dabeistanden und es hörten, sagten: Hört, er ruft nach Elija! Einer lief hin, tauchte einen Schwamm in Essig, steckte ihn auf einen Stock und gab Jesus zu trinken. Dabei sagte er: Laßt uns doch sehen, ob Elija kommt und ihn herabnimmt. Jesus aber schrie laut auf. Dann hauchte er den Geist aus.

Da riß der Vorhang im Tempel von oben bis unten entzwei. Als der Hauptmann, der Jesus gegenüberstand, ihn auf diese Weise sterben sah, sagte er: Wahrhaftig, dieser Mensch war Gottes Sohn.

(Aus dem Evangelium des Markus)

Karsamstag

Im Volksbrauch gilt der Karsamstag als Reinigungstag, säkularisiert im »Osterputz«. Das Haus wird gescheuert und gereinigt und für die Ostertage festlich hergerichtet. Am Abend findet in den Kirchen die Feier der Osternacht statt, mit der Weihe von Feuer, Weihrauch, Osterkerze und Weihwasser. Die Kerze ist ein Sinnbild für den Auferstandenen, sie wird am Feuer geweiht, indem der Priester sie mit fünf Weihrauchkörnern besteckt, die an die fünf Wunden Christi erinnern. »Lumen Christi venit« heißt es zu Beginn der feierlichen Osterprozession mit der Kerze, an deren Licht alle anderen Kerzen in der Kirche, das Ewige Licht und die Lichter in den Händen der Gläubigen entzündet werden. In einer dunklen Kirche kommt es so zu einer beeindruckenden symbolischen Handlung: das Licht vermehrt sich und wird immer heller, bis der Raum im Glanz des Auferstandenen erstrahlt. Bis zum Himmelfahrtstag wird dann die Osterkerze neben dem Altar aufgestellt und jeweils zu Beginn der Meßfeier angezündet.

Ostern

Ostern ist nicht nur das älteste, sondern auch das bedeutendste Fest der katholischen Kirche. Die Osterbräuche werden immer wieder in Verbindung mit der erwachenden Natur des Fühlings gebracht. Daher sind sie auch zumeist Frühjahrsbräuche.

Der Osterhase ist ein Sinnbild, das auch schon in heidnischen Vorzeiten Geltung hatte: als Tier der Fruchtbarkeit, aber auch als Frühlingssymbol. Seit dem 16. Jahrhundert »bringt« er den Kindern die Ostereier. Auch das Ei ist ein uraltes Symbol von Fruchtbarkeit und ewiger Wiederkehr des Lebens – im christlichen Sinn ein Zeichen der Auferstehung. Manche sind der Auffassung, Eier seien christliche Ostersymbole des neuen Lebens deshalb, weil die Schale immer wieder so durchbricht, wie Christus das Felsengrab zerbrochen hat.

Es gibt auch zahlreiche Bräuche, die keine »christliche Taufe« haben über sich ergehen lassen müssen. In manchen Gegenden werden Winterpuppen verbrannt, Hexen ausgetrieben, Osterruten geschnitten, Osterspaziergänge und Ballspiele (Ball als Symbol für die Sonne) durchgeführt. In vielen Landstrichen wird zu Ostern ein festliches Essen veranstaltet (Osterlämmchen, Osterbrot).

Die Osterkerze

Sabine konnte nicht einschlafen. Zu viele Gedanken quälten sie. Dazu kam die Angst, die bohrend war wie ein leichtes, aber endloses Zahnweh. Es war zwar nicht die Operation selbst, die ihr angst machte. Aber sie kannte inzwischen die Schmerzen, die danach kommen würden.

Bis heute hatte sie alles noch einigermaßen ertragen, aber jetzt war Ostersonntag, und das war besonders schlimm. Alle ihre Freunde und Schulkameraden waren zu Hause, konnten Ostereier suchen und die Ferien genießen. Sogar Bärbel, mit der sie im Krankenhaus Freundschaft geschlossen hatte, war zu Ostern entlassen worden. Ihr Bett war nun leer, und Sabine kam sich doppelt einsam vor.

Sie weinte.

Natürlich, die Eltern waren mit Sabines kleinem Bruder dagewesen. Sie hatten ihr einen großen Osterhasen aus

Schokolade mitgebracht. Der stand jetzt vor dem riesigen Blumenstrauß auf dem Nachttisch. Aber Sabine hatte ihn sich gar nicht richtig angesehen. Und ihre Eltern schienen sich auch nicht besonders gefreut zu haben. Bestimmt waren sie froh, sie hier alleine zurückzulassen und wieder nach Hause zu fahren. Und nun lag Sabine in dem dunklen Zimmer, wälzte sich von einer Seite auf die andere und weinte. Obwohl sie sonst immer so tapfer war. Hatten ihr jedenfalls alle gesagt. Aber sie konnte einfach nicht mehr anders.

Bis sich irgendwann in der Nacht die Tür öffnete und Licht vom Gang in das Zimmer fiel. Eine Person beugte sich über sie, und sie hörte eine freundliche Stimme fragen: »Na, Kleine, was ist denn? Warum weinst du?«

»Ich bin keine Kleine!« erwiderte Sabine weinerlich, aber doch recht trotzig. Plötzlich brach alles aus ihr heraus. »Ich will nicht operiert werden! Ich will nach Hause! Alle sind sie zu Hause! Sogar die Bärbel! Nur ich nicht!«

Die Person machte Licht an. Sabine erblickte einen jungen, unbekannten Pfleger. »Du weißt doch, daß es nötig ist, daß du hier bist«, sagte er. »Und bist wohl traurig, daß du über Ostern im Krankenhaus liegen mußt. Habe ich recht?«

»Ja. Bleibst du bei mir?«

Nachdenklich sah sie der Pfleger an. »Das geht natürlich nicht.« Doch dann ging ein Lächeln über sein Gesicht. »Warte mal. Mir fällt da etwas ein. Gleich komme ich zurück.«

Er verschwand. Als er wiederkam, brachte er eine einfache, halb abgebrannte weiße Kerze in einem Kerzenhalter mit. »Das ist meine Osterkerze. Die habe ich mir von der Osternacht mitgebracht, um sie im Stationszimmer brennen zu lassen. Die zünde ich jetzt ganz für dich allein an. Dann ist es auch nicht mehr so dunkel.«

Mit einem Feuerzeug machte er sie an und stellte sie auf den Nachttisch. Dann richtete er zwei Kissen so übereinander, daß Sabine die Kerze genau sehen konnte. Fragend schaute er Sabine an. »Geht es besser?«

»Nein!« sagte Sabine wütend.

Ein Lachen kam als Antwort. »Trotzdem muß ich dich erst einmal wieder allein lassen. Ich schaue aber später noch einmal rein. Wenn was ist, kannst du ja den Knopf drücken.« Er ging.

Allmählich erfüllte der Duft des Kerzenwachses den Raum. Widerwillig sah Sabine auf die Kerze. Die kleine Flamme wirkte sehr zerbrechlich und schwankte bedenklich. Manchmal schien es, als wollte sie ausgehen. Aber das tat sie nicht, und ihr sanftes Licht behauptete sich gegen alle Angriffe der Zugluft. Und noch etwas anderes erregte Sabines Aufmerksamkeit. Der Kerzenschein spiegelte sich hundertfach in dem Glanzpapier des Osterhasen. Seine aufgedruckten Augen leuchteten, und er warf einen großen Schatten auf die gegenüberliegende Wand. Im Flackerlicht wackelten die riesigen Schattenohren hin und her.

Sabine wollte die Flamme und den Osterhasen beobachten, bis die Kerze ganz abgebrannt war. Lange konnte das nicht mehr dauern. Aber sie hielt sich länger, als Sabine gedacht hatte. Sosehr sie sich auch bemühte, die Augenlider offenzuhalten, auf einmal fielen sie zu.

Als der Pfleger hereinkam, war die Kerze erloschen. Und alles war still.

tk

Ich denke gern an dich zurück, Opa

Ganz anders hatte Klaus sich das Osterfest in diesem Jahr vorgestellt. Sonnenschein hatte er sich gewünscht, richtig warme Sonne, und einen langen Spaziergang mit Opa, weit hinaus über den Wall bis zur Burg. Nun war Ostersonntag, doch Klaus konnte sich nicht freuen. Früher war das anders, denn Opa war zu Ostern immer besonders gut aufgelegt, richtig ansteckend war das.

Aber Opa war tot, »heimgegangen«, hatte der Pfarrer beim Begräbnis vor vier Wochen gesagt. Das war der traurigste Tag im Leben von Klaus gewesen. Niemand sprach mit ihm, keiner beantwortete seine Fragen. »Warum ist Opa tot?« hatte Klaus immer wieder gefragt, aber die Erwachsenen hatten nur traurig gelächelt und ihm durch das Haar gestrichen.

Klaus stand am Fenster seines Zimmers und sah mit düsterem Blick hinaus: seit drei Tagen regnete es Bindfäden. Doch wohin war Opa »heimgegangen«? In die Erde, in dieses dunkle Loch, in das sie den Sarg hinabgelassen hatten und das die Männer zugeschaufelt hatten nach der Beerdigung? Seltsame Worte haben die Erwachsenen, dachte Klaus. An die Trauerfeier in der Kirche und dann auf dem Friedhof erinnerte er sich nicht gern. Alle waren so traurig gewesen, viele hatten geweint, auch er. Aber er hatte schnell verstanden, was Tod heißt. Daß Opa nicht mehr da ist, ganz einfach, das ist Tod. Und daß wir ihn vergessen werden, auch klar. Und weil Klaus nicht mehr traurig sein wollte, hatte er sich vorgenommen, seinen Opa schnell zu vergessen. Und ein wenig war ihm das auch gelungen. Er wollte einfach nicht mehr daran denken und nicht mehr weinen.

Heute morgen, in der Frühe, waren sie zum ersten Mal ohne Opa in den Ostergottesdienst gegangen. Merkwürdig, daß rechts neben Klaus nun nicht mehr Opa saß, der seine Hand nahm und drückte, wenn der Pfarrer Frieden wünschte. Jetzt saß neben ihm eine alte Frau, die er nicht kannte und die ihn gleichgültig von der Seite ansah. Und wieder sagte der Pfarrer merkwürdige Sätze, von Auferstehung und Hoffnung, vom ewigen Leben und daß der Tod nicht das letzte Wort hat. Klaus hatte ihn mißmutig angesehen, er fühlte, wie ihm die Tränen kamen. Aber dann schüttelte er heftig den Kopf. Mit dem Tod ist halt alles aus, dachte er, was ändert's, wenn ich weine. Davon wird Opa nicht wieder lebendig. Wie fremd waren die Worte des Pfarrers für Klaus!

Ein wenig hatte der Regen nachgelassen. Klaus wandte sich ab vom Fenster und ging aus seinem Zimmer hinunter in den

Flur. Er nahm seinen Anorak vom Haken. »Wohin gehst du?« rief die Mutter ihm nach, aber Klaus hatte die Haustür bereits hinter sich geschlossen.

Draußen war es nicht so kalt, wie er erwartet hatte. Auch der Wind war nicht mehr so heftig. Klaus ging den Weg hinunter zur Kirche, denselben Weg, den sie immer gingen sonntags, Klaus und Vater und Mutter. Nur Silke war noch zu klein für die Kirche.

Manchmal blieb Klaus stehen und sah in die Pfützen. Manche waren so klar, daß er sein Gesicht sehen konnte und seine struppigen Haare. Dann tappte er mit dem Fuß in das Wasser, das Bild löste sich auf, aber nach einigen Sekunden war es wieder da.

Der Kirchturm zeigte halb zwölf. Die Türen der Pfarrkirche waren halb geöffnet, die Besucher des letzten Gottesdienstes gingen nach Hause. Klaus erkannte Tante Maria und Onkel Theo, aber er wollte ihnen nicht begegnen und »Frohe Ostern« wünschen. Überhaupt niemanden wollte er sehen.

Hinter der Kirche lag der Friedhof. Die großen schweren Eisentore standen weit offen und er konnte schnell mittendurch gehen. Keiner war zu sehen, was sollten die Leute auch am festlichen Ostersonntag auf dem Friedhof? Nur weit hinten erblickte Klaus jetzt eine alte Frau, aber sie stand unbeweglich an einem Grab. Klaus wußte noch, wo Opas Grab war, es befand sich gar nicht weit vom Eingang entfernt. Noch immer türmte sich ein großer Haufen Erde über dem zugeschaufelten Loch, einige verwelkte Kränze mit Schleifen lagen obenauf. Klaus nahm eine der Schleifen in die Hand, sie war naß und verdreckt: In dankbarer Erinnerung ...

... Opa und Klaus auf langen Spaziergängen, die warme faltige Hand in seiner kleinen Jungenhand, Opa in seinem Zimmer, mit dem Vergrößerungsglas Bücher und Zeitungen lesend – vieles kam Klaus in den Sinn. Bei Opa war es immer gemütlich gewesen. Er hatte immer Zeit gehabt und konnte

zuhören wie kein zweiter. Unglaublich viel zu erzählen wußte Opa, und vieles in der Welt verstand Klaus erst, wenn er es ihm erklärt hatte. Opa war alt und doch noch so jung wie Klaus . . .

Plötzlich schoß ihm ein Gedanke durch den Kopf. Er wußte nicht, woher er kam, so blitzschnell und deutlich war er mit einem Mal da: Ich denke gern an dich zurück, Opa. Dieser Satz tat ihm gut, und Klaus sagte ihn leise vor sich hin, als er die Schleife wieder fallen ließ: »Ich denke gern an dich zurück, Opa.«

Wie ein Wind lief Klaus den Friedhofsweg hinunter, durch das große Tor, durch Pfützen und Schlaglöcher, bis er, tief atmend, zu Hause vor der Tür stand. Die Mutter öffnete ihm, blickte in sein nasses Gesicht. Sie nahm seine Hand, an der noch Erde war, in ihre Hände, trocknete sie ab. Fest sah sie ihm in die Augen. Dann nahm sie ihren Jungen in die Arme.

jt

Lied vor dem Osterfeuer

Tanzend ziehen helle Lichter
über träumende Gesichter –
unsere Hoffnung bleibt nicht klein:
Leben kommt aus Brot und Wein.

Refrain: Teile dich aus
Glaubensbrot klein
du sollst uns Nahrung
für die Zukunft sein.

Gestern herrschte noch der Tod,
nahm den Hungernden das Brot –
doch lernen wir in diesen Zeiten:
Liebe kommt aus Mahlbereiten.

Refrain: Teile dich aus . . .

In Atlanten Grenzen fehlen,
niemand kann die Menschen zählen –
die nun auf den Straßen singen:
Friede kommt vor *allen Dingen.*

Refrain: Stecke uns an
Friedenslicht klein
du sollst uns Stern
für offne Augen sein.

Im hellen Feuer, das uns weckt,
haben wir ein Lob versteckt –
unsere Angst verliert Gewicht:
Zukunft kommt aus diesem Licht.

Refrain: Stecke uns an ...

jt

Ostern in Israel

Bill Bull aus Amerika unternahm mit anderen reichen Amerikanern über Ostern eine Pilgerreise in das Heilige Land. Und da Deutschland fast auf dem Weg lag, wie er sagte, machte er nach einer Zwischenlandung in Rom einen Abstecher dorthin, während die übrige Gruppe schon weiterflog.

Andreas war ganz aus dem Häuschen, als sein Patenonkel unerwartet mit fünf großen Koffern vor der Tür stand. »Wenn deine Eltern erlauben, nehme ich dich für ein paar Tage nach Israel mit. Du hast doch Osterferien, oder?« meinte Onkel Bill lässig, als würde er Andreas gerade zum Eisessen einladen.

Was blieb den Eltern da übrig? Von einem auf den anderen Tag saß Andreas zum erstenmal im Flugzeug. Und es wurde eine tolle Reise! In Jerusalem, wo sie zu den anderen

Amerikanern stießen, besichtigte Andreas die Klagemauer, an der die Juden gar nicht klagten, sondern beteten. Er bewunderte den prächtigen Felsendom der Mohammedaner. Er stand in der Grabeskirche und staunte, wie viele andere Kirchen es außer der katholischen gab, die sich um diesen Ort stritten.

Andreas war gar nicht traurig darüber, daß er überhaupt keine Zeit zum Spielen mit anderen Kindern hatte, so aufregend war alles. Außerdem saß er oft mit Hanna, ihrem arabisch-christlichen Reiseführer, zusammen, der außer Englisch auch etwas Deutsch sprach. Sie wurden Freunde, und Hanna erzählte ihm viele Geschichten, von denen keiner der Amerikaner etwas erfuhr.

Nahe bei Jerusalem übernachteten sie dann zum Schluß ihrer Reise in einem Kloster, um am nächsten Tag, dem Ostersonntag, mit vielen anderen Pilgern die Ostermesse in Jerusalem zu feiern. Früh am Ostermorgen, noch ehe die Sonne aufging, wurde Andreas sanft wachgerüttelt. Onkel Bill, der bis lange in die Nacht hinein mit seinen Landsleuten zusammengesessen hatte, bemerkte nichts und schnarchte weiter.

Aber Andreas schlug sofort erschrocken die Augen auf. Er sah seinen Freund Hanna, der ihm bedeutete, still zu sein und sich anzuziehen. Andreas, noch ganz benommen, zog sich leise an und folgte Hanna.

Die Luft draußen war sehr kühl und der Himmel grau vom Morgendunst. Hanna schritt mit Andreas an mehreren Häusern vorbei auf der Straße, bis sie diese verließen, um auf einem kleinen Weg weiterzugehen. Der Weg führte einen Hügel hinauf und, oben angekommen, blieb Hanna stehen. Andreas sah sich um. Das Kloster zu ihren Füßen und die paar Häuser wirkten wie verloren inmitten der unzähligen Hügel und Täler. Jerusalem, das sich hinter einem der Hügel verbarg, war nicht zu sehen. Während langsam die Sonne aufging, zog Hanna aus seiner Tasche ein kleines Buch hervor und schlug es auf. »Die Emmausgeschichte«, sagte er, »ich möchte sie für uns lesen. Obwohl es frühmorgens ist und nicht Abend, wie in der Geschichte."

Also erzählte Hanna von den beiden Jüngern, die nach der Kreuzigung Jesu Jerusalem verließen und denen Jesus als Unbekannter begegnete. Erst las Hanna auf arabisch vor, dann übersetzte er in ein holpriges Deutsch, das Andreas aber gut verstand. Nach dem Satz: »Brannte nicht unser Herz in uns, als er auf dem Weg mit uns redete und uns die Schriften erklärte?«, hörte Hanna auf zu lesen und machte das Buch wieder zu.

»Ist dies der Weg nach Emmaus?« fragte Andreas.

»Ich weiß es nicht«, sagte Hanna langsam. »Aber es ist dieselbe Sonne, es ist dieselbe Landschaft, und« – dabei sah er Andreas in die Augen – »es sind zwei Menschen, die diesen Weg gehen und dabei die Schrift hören.«

Andreas schwieg. Es war schön, mit Hanna hier zu sein.

»Gehen wir?« fragte Hanna nach einer Weile. Andreas nickte. Sie gingen zurück. Es war heller geworden und Andreas fror nicht mehr.

Vor der Klostertür streckte Hanna die Hand aus. »Frohe Ostern, Andreas«, sagte er. »Frohe Ostern, Hanna«, sagte Andreas. Hanna blieb noch draußen, während Andreas zurück zum Zimmer ging, in dem Onkel Bill immer noch fest schlief.

tk

Gebet auf dem Weg nach Emmaus heute

Herr bleibe bei uns
wenn es Abend wird
und der Tag zu Ende geht.
Wenn es dunkel wird in unseren Herzen
unsere Gesichter düster werden
dann bleibe bei uns.

Herr verlaß uns nicht
wenn wir uns fremd werden
und uns nicht mehr zurechtfinden.
Wenn wir den Nachbarn nicht mehr sehen
und nur noch uns selbst
dann verlaß uns nicht.

Herr bleibe bei uns
wenn die Nacht hereinbricht
und sich Finsternis ausbreitet zwischen uns.
Wenn keiner dem Freund mehr traut
und jeder zum Feind des andern wird
dann bleibe bei uns.

Herr verlaß uns nicht
sondern öffne unsere Augen
wenn wir mit dir gehen.
Schließe auf unsere Ohren
wenn wir von dir hören
laß unsere Herzen brennen
in deiner Gegenwart.

jt

Weißer Sonntag — *Sonntag nach Ostern*

An diesem Tag findet in vielen Regionen und Ländern die Feier der Erstkommunion für die Kinder statt. Die weiße Farbe der Kleider, Schleier, Kränzchen, Blumen und Kerzen der Kommunionkinder versinnbildlicht die Reinheit Christi und derer, die die Kommunion empfangen.

Das goldige Kreuz

»Guten Tag. Wir suchen ein Geschenk für unseren Eberhard. Dabei dachten wir an ein hübsches kleines Kreuz. Nicht wahr, Eberhard?«

»Ja, Mama.«

»Nein, nein, kein Wandkreuz. An einem Halskettchen soll es hängen. Ja, lassen Sie mal sehen! Hm, hölzerne nehmen wir auf keinen Fall. Es soll schon etwas Besseres sein! Das schlanke Elfenbeinkreuz da zum Beispiel ist nicht schlecht. Was meinst du, Eberhard?«

»Ja, Mama.«

»Das kleine Silberkreuz da aber auch nicht. Trotzdem etwas zu unauffällig, finden Sie nicht? Dann schon eher das Goldkreuz dort! Ist das echt? Ja? Die Kette auch? – Nein, wie süß! Und erst das Prägestempelchen auf der Rückseite! Ich glaube, das sollten wir nehmen, Eberhard.«

»Ja, Mama.«

»Also gut, wir nehmen es. Packen Sie es bitte ein. – Wenn es auch reichlich teuer ist. Aber Gold ist ja schließlich auch eine Wertanlage. – Nein, warten Sie! Leg es mal um den Hals, Eberhard. – Ist es nicht goldig? Wissen Sie, der Junge geht zur ersten Kommunion, und da sollte es auf jeden Fall etwas Religiöses sein. Alles andere hat er ja schon. – Aber aussuchen sollte er sich sein Kreuz schon selber. Und du bist doch auch zufrieden mit deiner Wahl, Eberhard. Oder?«

»Ja, Mama.«

»Na, siehst du!«

tk

Mai

Stichworte des Monats

Ursprung:	Der Name »Mai« kommt vermutlich von der Wachstumsgöttin Maja.
Andere Namen:	Weidemonat, Wonnemonat (wegen der Liebenden), Marienmond (Marienmonat), Blumenmonat.

1. Mai

Obwohl der Tag Josefs, des Arbeiters, ist der 1. Mai kein kirchliches Fest, trotzdem aber reich an Bräuchen: Der Maibusch zum Beispiel ist früher eine Sitte gewesen, die sehr ernstgenommen wurde. Die jungen Burschen steckten den Mädchen einen Maibuschen an die Tür oder an den Fensterladen und sagten damit, was sie empfanden: ein schöner grüner Zweig, manchmal geschmückt, bedeutet Liebe und Zuneigung. Der Maibaum in der Mitte des Dorfes ist ein stattlich hoher Baum, dessen Krone mit einem Maikranz und mit wehenden Bändern geschmückt wird. Jede Gegend kennt eine andere Verzierung, immer aber bedeutet der Schmuck Fruchtbarkeit (grüne Zweige oder Blätter), Reichtum und Fülle (vergoldete Nüsse, rote Früchte). Unter dem Maibaum wird der Maireigen getanzt.

Christi Himmelfahrt — *Vierzigster Tag nach Ostern*

Das Himmelfahrtsfest ist eigentlich eine große Verlegenheit. Viele können nichts mehr damit anfangen, so daß es nicht verwunderlich ist, daß es von ihnen zunächst als Vatertag begangen wird: Die Männer ziehen mit Bier, Schnaps und Schinken, oft auf einem Leiterwagen, ins Freie und trinken mehr, als sie vertragen können.

Gleichwohl ist dieser Tag im kirchlichen Kalender von großer Bedeutung. Das Neue Testament berichtet, daß sich Jesus nach der Auferstehung vierzig Tage lang in verschiedener Weise an mehreren Orten und vor vielen Menschen gezeigt hat. Die Himmelfahrt (Lk 24, 50–53; Mk 16, 19 f.; Apg 1, 1–12) beendet die Folge von Erscheinungen Jesu. Himmelfahrt ist die letzte Ostergeschichte: Jesus verabschiedet sich wie beim letzten Abendmahl. Himmelfahrt ist eine Auslegungs-, Verstehens- und Glaubenshilfe für Ostern, weil es einige Aspekte der

Osterbotschaft für die Zukunft von Kirche und Gemeinde deutlich macht.

Das Bild der Himmelfahrt ist nach dem Weltbild der Bibel zu verstehen, hat aber auch eine übertragene Bedeutung: Himmel als »Wohnung Gottes«. »Oben« weist auf die Bedeutsamkeit, Macht und Herrschaft Gottes hin und ist keine Ortsbezeichnung. In der englischen Sprache läßt sich die Unterscheidung in zwei Begriffen ausdrücken: *heaven* meint den Himmel Gottes, *sky* den Wolkenhimmel. Weil Gott aber überall ist, ist auch der Himmel überall.

Die Himmelfahrt Jesu ist ein Hinweis darauf, daß Gott unsichtbar und allgegenwärtig ist und daß Jesus eine Seins-, aber keine Ortsveränderung an sich geschehen ließ. Sie ist auch verbunden mit dem Auftrag an die Jünger, als Boten Jesu in die Welt zu gehen und allen Menschen das Evangelium zu verkünden.

Ich komme wieder

Ich vergesse dich nicht
spricht dein Gott
sieh her sagt dein Gott
ich habe dich eingezeichnet
in meine Hände

Fürchte dich nicht
spricht dein Gott
ich bin bei dir sagt dein Gott
ich bleibe bei dir
bis ans Ende aller Tage

Bleib nicht traurig
spricht dein Gott
ich habe deine Tränen gesehen sagt dein Gott

ich werde sie abwischen
von jedem Gesicht

Ich komme wieder
spricht dein Freund
schon heute bin ich bei dir sagt dein Freund
wo zwei oder drei zusammen sind
bin ich mitten unter ihnen

jt

Pfingsten — *Fünfzigster Tag nach Ostern*

Vom Pfingstverkehr berichtet der Rundfunk: verstopfte Autobahnen, kilometerlange Autoschlangen und Staus, zahlreiche Unfälle. Pfingsten ist ein idealer Ausflugstermin – in erster Linie jedoch ein Fest der Kirche.

Die Bezeichnung »Pfingsten« stammt vom Wort *pentecostes*, das die Römer von den Griechen übernommen haben und »der fünfzigste Tag« (nach Ostern) bedeutet.

Stark beeinflußt von einem jüdischen Fest ist das christliche Pfingsten: Die Israeliten feierten das Wochenfest mit einer Festversammlung, an der man an die Zehn Gebote erinnerte, an den Berg Sinai und an Gottes treuen Bund mit seinem Volk. Noch heute schmücken die Juden zu diesem Fest ihre Synagogen und Häuser mit Blumen und Grün. In Apostelgeschichte 2 erfahren wir in Form einer Geschichte, was Pfingsten für die Christen bedeutet. An diesem ersten Pfingstfest nach den Osterereignissen begannen die Jünger aus der Verborgenheit und dem Schweigen herauszutreten und sich öffentlich zum auferstandenen Herrn Jesus Christus zu bekennen. Sie erhielten den heiligen Geist, versinnbildlicht in den Feuerzungen und der Taube vom Himmel, das heißt den lebendigen Glauben – Gott schloß mit ihnen einen »neuen Bund«. Das Bild der Feuerzungen ist an die Feueroffenbarung des »alten Bundes« am Sinai angelehnt.

Petrus, der Kopf der Jüngergruppe, predigte vom auferstandenen Herrn und taufte viele Menschen. Von da an lief die Botschaft durch Palästina, dann durch den Mittelmeerraum und in die ganze Welt.

Brauchtum: Die Bräuche zu Pfingsten sind nicht so zahlreich und vielfältig wie zu Weihnachten und Ostern, aber dafür oft verknüpft mit der Feier des angebrochenen Frühlings: Wettkämpfe und Spiele, Tanzfeste und Gelage mit Pfingstbier, Pfingstritte, Kranzstecken und Pfingstochse.

Nicht nur zu Pfingsten

Pfingstflammen sind etwas Seltsames.
Sie brennen, aber du bemerkst keine Flammen.
Du siehst sie nicht, weil sie im Herzen sind.
Sie brennen, weil es schmerzvoll ist, einem Feind das »Du« anzubieten.

Pfingstflammen sind sehr zart, aber äußerst kraftvoll.
Ein böser Blick kann sie auslöschen.
Aber sie haben die Macht, dem Stärksten aus der Klasse die Tränen in die Augen steigen zu lassen.

Pfingstflammen lehren, andere Menschen zu verstehen.
Ausländische Sprachen unterrichten sie nicht!
Aber sie bewirken, daß Fremde zu Freunden werden und daß Spiele keine Grenzen kennen.

Pfingstflammen sind ansteckend.
Je mehr sie andere Menschen anstecken, um so heller leuchten sie. Am liebsten brennen sie in Gemeinschaft.
Schon eine Berührung, ein einziges Wort kann sie übertragen.

Übrigens, Pfingstflammen gibt es natürlich nicht nur zu Pfingsten.
Sie halten sich länger und brennen öfter, als man denkt.
Vielleicht wird sogar gerade eine in dir entzündet.

tk

Kein Pfingstwunder für Sigi und Gerd

Das schrille Klingeln des Weckers riß Sigi aus dem Schlaf. Mist! Er hatte vergessen, daß Pfingstmontag und damit schulfrei war. Doch blitzschnell war er auf, kniete auf dem Boden und langte nach dem Wecker. Das Klingeln brach ab. Endlich!

Fluchtbereit lauschte Sigi nach dem leisesten Geräusch aus dem Nebenzimmer. Sein Herz raste vor der plötzlichen Erregung. Und vor Angst. Aber alles blieb still.

Trotzdem, er legte sich nicht wieder hin. Es war zu gefährlich. Sonntags und an Feiertagen war der Alte unberechenbar. Sigi stellte den Wecker zurück in das Versteck unter dem Bett. Gut, daß er ihn geklaut hatte. Der Wecker hatte ihn schon oft gerettet. Denn wenn der Alte Frühschicht hatte, mußte Sigi eher aus dem Haus sein.

Schnell zog sich Sigi an. Jeans und T-Shirt. Beides schmutzig und mit Löchern. Seit zwei Wochen nicht gewaschen. Zwei Wochen! Sigi fühlte einen leichten Stich, als er an Mutter dachte. Sie hatte ihm immer Essen gemacht und die Wäsche gewaschen. Und, wofür er ihr besonders dankbar war, vor den Launen des Alten gewarnt. Auch wenn sie Sigi manchmal angeschrien oder sogar geschlagen hatte, war sie doch viel besser als die Frauen, die der Alte seitdem für kurze Zeit mitbrachte und die Sigi nur herumkommandierten.

Aber jetzt war sie weg. Sigi würde zu ihr gehen, wenn er wüßte, wohin. Irgendein Haus für Frauen. Man sollte es in die Luft sprengen, sagte der Alte. Nach ihrem Verschwinden war er noch schlimmer geworden.

Der Kühlschrank war natürlich leer. Aber Sigi mußte irgend etwas essen. Nach dem Hamburger vom Samstag hatte er nichts mehr gehabt. Aber da war ja noch eine Pfirsichdose im Schrank. Als er sie öffnete, schlug eine Tür. Sigi erstarrte. Bevor er sich verstecken konnte, hörte er schon die Schritte. Jetzt die Badezimmertür. Ein schweres Husten und Räuspern. Die Toilettenspülung. Wieder Schritte. Dann Stille.

Sigi atmete auf. Schwein gehabt! Aber nun konnte es nicht mehr lange dauern. Schnell aß er die Pfirsiche in sich hinein. Dann stand er auf. Geräuschlos ging er am Zimmer des Alten vorbei. Durch den offenen Türspalt konnte er ihn sehen. Halbangezogen lag er auf dem Bett. Selbst die Schuhe hatte er nicht mehr geschafft. Rötlich fleckiges Gesicht. Lange Bartstoppeln. Lautes Rasseln aus der Nase und dem leichtgeöffneten Mund. Die große Hand mit den klobigen Fingern, die Sigi so gut kannte, regungslos über der Bettkante.

Sigi steckte Mutters Schlüssel ein und ließ die Wohnungstür ins Schloß fallen. Endlich draußen! Aber wo sollte er hin? Die Flipperhalle hatte noch nicht auf. Er schlenderte die Straße entlang, die zum Kanal führte.

Mit einem Mal sah er Gerd. In einem feinen blauen Anzug und mit einer kleinen Krawatte kam er Sigi mit seinen Eltern entgegen. Wo will der denn um diese Zeit hin, dachte Sigi. Bis es ihm einfiel. Heute ist ja Pfingsten. Also bestimmt in die Kirche.

Sigi überquerte die Straße. Absichtlich ging er ganz dicht heran und blickte Gerd herausfordernd in das Gesicht. Fast streifte er den feinen Anzug. Gerd schluckte und schaute weg.

Höchste Zeit für eine Abreibung, dachte Sigi, als er vorbei war. Sein Glück, daß die Eltern dabei waren. Aber morgen . . . Mist! Morgen ist ja auch noch frei. Aber Mittwoch ist er dran!

Sigi lächelte. Der hat ganz schön ängstlich geguckt. Lässig schlenderte er weiter. Dieser Feigling! Ich habe vor niemand Angst!

tk

Glauben lerne ich vom Geist der Hoffnung

Glauben lerne ich
nicht aus klugen Büchern und Predigten
Glauben lerne ich vom Geist der Hoffnung
wenn jemand neue Worte findet
und ich ihn verstehen kann

Hoffen lerne ich
nicht aus Zeitungsmeldungen und Fahrplänen
Hoffen lerne ich vom Geist der Liebe
wenn jemand nicht fortgeht
aus meinem Weinen

Lieben lerne ich
nicht aus Romanen und Werbespots
Lieben lerne ich vom Geist des Glaubens
wenn jemand meine Hand nimmt
und mich zu den Feinden führt

jt

Manchmal

Manchmal ist Berti nicht nur Berti
manchmal ist Berti wie ein Brot
und nicht wie ein Stein
der unbeweglich bleibt
wie ein Brot, das mir Kraft gibt

Manchmal ist Sabine nicht nur Sabine
manchmal ist Sabine wie ein Wasser
und ihre Tränen
befruchten die Wünsche
wie ein Wasser, das zum Leben erweckt

Manchmal ist Peter nicht nur Peter
manchmal ist Peter wie ein Licht
erfinderisch für neue Wege
die aus der Einsamkeit führen
wie ein Licht, das allen hell leuchtet

Manchmal ist Marlene nicht nur Marlene
manchmal ist Marlene wie ein grüner Zweig
am dunklen Baum der streitenden Familie
der neues Leben wachsen spürt
wie ein grüner Zweig, der auf Gott hin wächst

Manchmal ist Kathrin nicht nur Kathrin
manchmal ist Kathrin wie ein Brief
der auf die große Reise geht
und in dem alle lesen können
von ihren Ängsten und Hoffnungen
wie ein Brief, der ein Fleckchen frei läßt
damit auch du dich eintragen kannst
in ihr Leben

jt

Dreifaltigkeitsfest *Erster Sonntag nach Pfingsten*

Die Dreifaltigkeit Gottes von Vater, Sohn und heiligem Geist ist das Zentralgeheimnis des Christentums und wird »Trinität« genannt. Die wichtigsten Aussagen zur Dreifaltigkeitslehre finden sich in den Glaubensbekenntnissen. Das Dogma kündet davon, daß der eine Gott in drei Personen ist, die *eine* göttliche Natur und Substanz, gleich ewig und gleich mächtig sind. Die Trinität aber ist keine Statik, sondern Dynamik, nicht Formel, sondern Leben, und nicht Buchstabe, sondern Kraft.

Das Dreifaltigkeitsfest wird am ersten Sonntag nach Pfingsten gefeiert, ist im deutschen Sprachraum allerdings nicht sehr beliebt, wohl weil es ein reines Dogma zum Gegenstand hat und auch der Tradition widerspricht, in den Festen des Kirchenjahres jeweils ein heilsgeschichtliches *Ereignis* zu vergegenwärtigen. Gleichwohl übt die Zahl *drei* in allen Kulturen eine besonders tiefe Anziehungskraft aus: Dreieck (als Symbol Gottes), drei Feuerumgänge, dreimalige Wiederholung von Gebeten, drei Ähren im Herrgottswinkel, drei Kreise, drei Ringe, drei Fenster, der gotische Dreipaß, die Dreihasenmotive und -fenster (drei Hasen mit nur drei Ohren, die aber so angeordnet sind, daß doch jeder zwei Ohren hat).

Die Sonntage nach dem Dreifaltigkeitsfest bis zum Totensonntag werden »Sonntage nach Trinitatis« genannt.

Juni

Stichworte des Monats

Ursprung: Benannt nach dem lateinischen »Junius«.
Andere Namen: Rosenmonat, Brachmond (Bearbeitung des Brachfeldes in der Dreifelderwirtschaft).

Fronleichnam

Donnerstag nach dem ersten Sonntag nach Pfingsten

Das Fronleichnamsfest, Mitte des 13. Jahrhunderts von Papst Urban IV. zur Erinnerung an die Einsetzung des heiligsten Altarsakraments gestiftet, wird am Donnerstag nach Trinitatis gefeiert – mit Fronleichnamsprozession (und den vier Segen an vier Stationen), an einigen Orten auch mit Fronleichnamsspielen. (Siehe auch Artikel »Fronleichnam« im Lexikon dieses Buches.) Das zentrale Symbol des Tages ist das Brot. Es wurde und wird als etwas Heiliges betrachtet:

keine Hausfrau schnitt einen Brotlaib an, ohne vorher das Kreuz darauf zu zeichnen. Ein Haus wurde früher nur bezogen, wenn es eingesegnet war und wenn das jüngste Mitglied der Familie Brot und Salz über die Schwelle trug. Das Brot ist noch heute im Osten die Gabe für den Gast, mit der er begrüßt wird.

Die vier Segen

Segen des Brotes
das Leben austeilt
für alle Hungernden
von diesem Brot nimm ein Stück

Segen des Weines
der Leiden löscht
für alle Weinenden
von diesem Wein trink einen Schluck

Segen des Kreuzes
das Zukunft ist
für alle Scheiternden
an diesem Kreuz trag mit

Segen der Rose
die Liebe ist
für alle Verzweifelten
von dieser Rose lerne leben

jt

Aufruf

Junge Teilnehmer für die Fronleichnamsprozession gesucht

Mindestalter: ein Jahr (auch Kinderwagen erlaubt).
Höchstalter: keine Grenze.
Teilnahmebedingungen: Freude an Bewegung, an frischer Luft, an Blumen, an guter oder auch nicht so guter Blasmusik, an einem Gottesdienst im Freien.
Kleidungsvorschriften: keine.
Ziele:
- *für die Behörde: Wir wollen den Verkehrsstau nicht nur den Autos überlassen.*
- *für alle Kinder: Sitzen und Stillesein ist gut; gehen und fröhlich sein ist besser!*
- *für alle Nichtchristen: Wir sind auch noch da!*
- *für die Kirche: Frische Luft in alte Gemäuer; Kirche findet nicht nur in der Kirche statt!*

tk

Fronleichnamsdemonstration

(Aus dem lokalen Polizeibericht)

Am gestrigen Donnerstag fand eine bei der Stadtverwaltung angemeldete, aber nicht genehmigte Demonstration statt. Da der Verlauf friedlich war, sah der Polizeikommandant davon ab, diese gewaltsam aufzulösen, mit Rücksicht auf die vielen Kinder, die mitgeführt wurden.

Der Demonstrationsgrund ist beim vorläufigen Stand der Ermittlungen unbekannt. Auch die vielen Fahnen, die von Häusern am Weg der Demonstration herabhingen, konnten keine weiteren Aufschlüsse geben. Einige wurden aber als Beweismittel sichergestellt und alle Häuser fotografisch erfaßt. Die Wohnungsinhaber wurden ermittelt.

Der Anführer, von Anhängern streng bewacht, schirmte sich vor Entdeckung aus der Luft durch eine große Decke über dem Kopf ab, die von vier Leibwächtern an Stützen gehalten wurde. Er war verkleidet und trug einen scheinbar ungefährlichen Gegenstand, über dessen Zweck nur Vermutungen angestellt werden können. An mehreren Stellen machte die Demonstration halt. Dabei machten sich die Teilnehmer durch rätselhafte Handlungen verdächtig. Es wurden aufrührerische Lieder gesungen und Beschwörungsformeln aufgesagt.

Die Polizei war nahe daran einzugreifen, hielt sich aber auch hier zurück, um eine offene Konfrontation, die unvermeidlich Blut gefordert hätte, zu vermeiden.

Im ganzen dauerte die Demonstration etwa zwei Stunden. Sie löste sich an einem der Polizei bekannten Versammlungshaus auf. Im Anschluß daran konnte auch der Anführer festgenommen werden, ohne Aufsehen zu erregen. Ihm werden vorgeworfen: Planung und Durchführung einer verbotenen Demonstration, Störung der öffentlichen Ordnung, Halten aufrührerischer Reden und die Verführung Minderjähriger zur Teilnahme. Ob der Tatbestand des Mitbringens unerlaubter Waffen vorliegt, muß noch geklärt werden.

Jedenfalls erhofft sich die Polizei durch das Verhör des Anführers weitere aufschlußreiche Erkenntnisse.

tk

Johannistag — *24. Juni*

Geboren ungefähr ein halbes Jahr vor Jesus, hielt sich Johannes vermutlich schon in seiner frühen Jugend in der Wüste auf. Im 15. Jahr des Tiberius (Lk 3, 1), also 28/29

n. Chr., ergeht an Johannes der Ruf Gottes, dem Volk eine Taufe zur Vergebung der Sünden und den Anbruch des Reiches Gottes zu verkünden (Mk 1, 4). Der Rufer aus der Wüste, der sich von wildem Honig ernährt, zieht an den Jordan. Die Synoptiker überliefern die Bußpredigt des Johannes (Mt 3, 7–10; Lk 3, 7–14), alle Evangelisten sein Selbstzeugnis mit dem Hinweis auf den Messias. Der Zulauf des Volkes zu Johannes ist groß, die Leute sind von seinen Worten erschüttert, bekennen nach seinem Ruf zur Umkehr ihre Sünden und lassen sich von ihm taufen (Mk 1, 5; Mt 3, 5 ff.; Lk 3, 7; Joh 3, 23). Johannes sammelt Jünger um sich, lehrt sie beten (Lk 11, 1) und fasten.

Seine Wirksamkeit findet ihr Ende, als ihn Herodes Antipas verhaften läßt. Anläßlich eines Festes zu seinem Geburtstag läßt er Johannes enthaupten und dessen Kopf der Tochter der Herodias, Salome, überreichen, wie diese es gewünscht hatte.

Unter dem Eindruck des Herrenwortes Mt 11, 11 wurde Johannes zum ersten überregional verehrten Heiligen der christlichen Kirche in Ost und West. Der Ansatz seines Geburtsfestes auf den 24. Juni beruht auf Lk 1, 36 und auf römischer Zeitrechnung, muß also im Westen entstanden sein. Das Mittelalter hat aus dem Geburtsfest des Johannes so etwas wie ein Sommer-Weihnachten gemacht mit zusätzlicher Mitternachts- und Morgenmesse. Abgesehen von der Verehrung am 24. Juni als Patron vieler Ortschaften, der Hirten und Herden sowie der Schneider, auch von der Benennung einzelner Tagesbräuche nach Johannes, sind Volksglaube und -brauch weniger von Johannes und seiner Legende bestimmt als vielmehr durch die Sommersonnenwende. Zum Johannistag steht die Sonne am höchsten, besitzt am meisten Kraft und verleiht dem Feuerzauber die größte Wirksamkeit. Wer in dieser Nacht durch das Johannisfeuer springt, überwindet Unheil und findet Liebe. Der Zaubersegen ist der Glaube, daß Johannisnacht und Johannistag einen besonders deutlichen Blick in die Zukunft ermöglichen.

Der Traum in der Johannisnacht soll sich erfüllen und allerlei Speisen und Getränke sollen Mensch und Tier förderlich, verschiedene Kräuter an diesem Tag (Johanniskraut) besonders heil- und zauberkräftig sein und, in Haus und Stall aufgehängt, vor Krankheit, Blitz und Feuer schützen. Auch das Abbrennen von Sonnenwendfeuern ist an vielen Orten verbreiteter Brauch.

Zu Johannis wird Johanniskuchen gebacken, es gibt Johannissegen und -trunk. Und die Mittsommernacht ist in Schweden so kurz wie nirgendwo und wird ganz und gar durchgefeiert.

Du wirst gerufen, Kerstin

Liebe Kerstin,

deine Stimme klang sehr entschlossen. Mit dieser Geschichte könntest du nichts anfangen, hast du gesagt. Der Rufer in der Wüste, das sei eine vergangene Geschichte. Heute gebe es keine Rufer mehr. Du hörtest keine Stimme, die dich überzeugen kann.

Johannes hatte so eine Stimme, so mächtig und stark, daß die Leute sie hören konnten und verstanden. Vielleicht ist diese Geschichte wirklich erledigt für alle Zeit. Vielleicht sollten wir lieber lernen, auf unsere eigene Stimme zu hören. Möglicherweise aber hält gerade diese Geschichte noch ein Tor offen, das wir in unserem Gespräch in der Klasse nicht entdeckt haben.

Der Ruf des Johannes zur Umkehr wurde jedenfalls verstanden von den vielen, die sich von ihm im Wasser des Jordan taufen ließen, so daß sie sich wie »neugeboren« fühlten, gerufen in ein neues Leben. Du hast recht, solche Rufer gibt es heute nicht mehr. Wahrscheinlich ist auch die Zeit der Propheten endgültig vorbei. Wir haben so viel Geschrei um uns, daß wir sie vermutlich nicht hören würden.

Und der Lärm aus Radios und Fernsehern würde sie erst recht vertreiben. Die Worte von den Kanzeln sind fremd und unverständlich. Sie gehören nicht zu einer Sprache, die du verstehst. Wir hören keine Stimmen mehr, die uns packen, mit einem Mal einen Ruck geben, uns eine Richtung zeigen, die wir gehen können.

Wo bleibt ein Johannes für unsere Tage, der uns sagt, wie wir Gott finden können? Ein Rufer, lache nicht, ein Rufer in der Wüste unserer *Zeit? Wo finden wir eine neue Sprache, in der wir erzählen können, was uns wirklich bewegt, nicht dieses oberflächliche Geschwätz und Getue?*

Und doch wirst du gerufen, Kerstin. Bei deinem Namen wirst du gerufen. Von den Menschen, die noch wünschen können, wirst du gerufen. Von den jungen Leuten, die auf den Straßen protestieren, wirst du gerufen. Von den Liebenden wirst du gerufen, von den Dichtern und Betenden. Die ganze Schöpfung ruft dich in allen Arten von Sprachen.

Erinnerst du dich: es gab Tage, da wußtest du, daß du eine Sehnsucht hast. Du hast eine Unruhe gespürt, die dein Leben nicht gestillt hat. Du hast mit deinen Augen die alten Wörter berührt, deren Sinn du nicht begreifen konntest und von denen du doch ahntest, daß sie eine große Bedeutung haben müßten. Du warst an diesen Tagen wie ein Zugvogel, der, an einem fremden Ort geboren, doch eine geheimnisvolle Unruhe empfindet, wenn der Winter naht: eine Sehnsucht nach der frühlinghaften Heimat, die er nie gesehen hat und zu der er aufbricht, ohne zu wissen wohin.

Es gibt solche Rufe hundertfach, immer wieder. Nicht immer haben wir Ohren, um sie zu hören. Die Menschen vor zweitausend Jahren liefen zum Fluß, weil sie gehört hatten, daß dort jemand sei, der ein Versprechen gibt, daß sie sich selbst nicht geben können. Und sie haben geglaubt. Vielleicht nur ein einziges Mal haben sie einen solchen Ruf gehört. Erinnere dich, Kerstin: und sie haben geglaubt.

jt

Teure Buße

Es fühlte sich ein Mann berufen, den Kindern Buße zur Vergebung ihrer großen und kleinen Sünden zu predigen. Also ging er in die großen Städte, nach Frankfurt, Dortmund, Hamburg und München und stellte sich an die Straßenecken. Er war ungekämmt, trug eine ausgefranste Jeans und einen alten Strickpullover. Er aß und trank nur von dem, was die Kinder an Resten übrigließen und wegwarfen. Und vor sich hatte er ein Schild, auf dem in großen Buchstaben »Buße« stand.

Aber obwohl man seine Stimme weit hören konnte, verstand doch kein Kind, was der Mensch wollte. Viele blieben zwar stehen, aber sie zeigten mit dem Finger auf ihn und lachten ihn aus, wenn er mit ernstem Gesicht seine mahnenden Worte an sie richtete. Da begann sich der Mann zu wundern. »Früher war das ja anders«, sprach er zu sich selbst. »Aber vielleicht wissen die Kinder von heute gar nicht mehr, was eine Sünde ist und haben gar keine Buße nötig.«

Als er wieder in einer Stadt angekommen war, ließ er sein Schild in der Ecke stehen und ging den Kindern einfach hinterher, um sie zu beobachten. Und es dauerte nicht lange, bis er zwei Jungen zusammenstehen sah. Der Größere trank eine Flasche Orangensaft. »Gibst du mir etwas ab?« fragte der Kleinere. »Ich habe Durst.«

»Nein«, sagte der Größere, »das ist meine Flasche!«

Nachdem der Kleine weitergelaufen war, ging der Mann auf den großen Jungen zu. »Tut es dir nicht leid, daß du ihm nichts abgegeben hast?«

»Nein«, sagte der Junge und trank die Flasche schnell und in großen Zügen leer. »Das ist meine Flasche.«

»Wie kannst du nur so etwas sagen!« rief da der Mann zornig. Dann überlegte er. Mit leiser, eindringlicher Stimme fuhr er fort: »Von nun an sollst du keinem deiner Freunde mehr etwas abgeben, bis du keine Freunde mehr hast. Und dann wirst du dich an meine Frage erinnern.«

Mit diesen seltsamen Worten ließ er den Jungen stehen.

Nicht viel später hörte der Mann, wie ein anderer Junge seine beste Freundin bei deren Eltern verriet: »Susanne war gar nicht beim Klavierüben«, teilte er ihnen hämisch mit. »Sie hat dem Klavierlehrer vorgemacht, daß sie krank ist. Aber sagen Sie ihr nicht, daß ich sie verpetzt habe!«

»Nein, Jochen«, sagten die Eltern. »Aber gut, daß wir das jetzt wissen. Dafür darf sie eine Woche nicht zum Spielen raus.«

Als der Junge allein war, nahm ihn sich der Mann vor. »Tut es dir nicht leid, daß du gepetzt hast, Jochen?« fragte er ihn.

»Nein!« sagte Jochen trotzig.

»Dann sollst du von nun an alle deine Freunde verraten. Bis du keine mehr hast. Und dann wirst du dich an meine Frage erinnern.«

Dann erblickte der Mann auf einem Spielplatz ein Mädchen, das einen kleinen Jungen fest schlug und ihn an den Haaren zog. Je lauter der Junge weinte und schrie, um so mehr lachte das Mädchen. Da ging der Mann schnell hin und befreite den Jungen. »Tut es dir denn gar nicht leid, was du getan hast?« rief er aus.

»Nein!« antwortete das Mädchen und lachte boshaft. »Das geht Sie auch gar nichts an!«

»Dann sollst du von nun an allen deinen Freunden weh tun. Bis du keine mehr hast. Und dann . . .«

»Ich habe keine Freunde«, rief das Mädchen und rannte schnell weg, aus Angst, er würde sie bestrafen.

Der Mann schaute ihr hinterher. »Dann sollst du welche bekommen und sie wieder verlieren«, sagte er leise. »Und danach wirst du dich an meine Frage erinnern.«

Und noch vielen anderen Kindern drohte der Mann an, daß sie ihre Freunde verlieren würden. Doch auf einmal war er verschwunden.

Aber genau ein Jahr später war er wieder in der Stadt. Er trug noch dieselben Kleider und ernährte sich immer noch von den Resten, die die Kinder wegwarfen. Nur seine verwilderten Haare waren noch länger geworden. Er stellte sich mitten auf den Marktplatz. Diesmal redete er überhaupt nicht, sondern hielt nur stumm sein Schild mit dem Wort »Buße« in der Hand.

Und siehe da, auf einmal kamen alle Kinder, denen er vorausgesagt hatte, sie würden ihre Freunde verlieren. Auch das Mädchen, das erzählt hatte, sie hätte keine. Und alle machten traurige Gesichter und hatten rote verweinte Augen.

»Was ist denn?« fragte der Mann ruhig.

»Wir haben keine Freunde mehr!« riefen die Kinder schluchzend wie im Chor.

»Tut es euch denn jetzt leid, was ihr getan habt?« fragte der Mann ruhig weiter.

»Ja!« riefen alle Kinder, und am lautesten das Mädchen.

»Dann ist es gut!« sagte der Mann. »Eure Tränen sind mir ein Zeichen eurer Buße. Ihr könnt gehen und werdet wieder Freunde bekommen.«

Da gingen alle Kinder freudig weg. Aber der Mann wurde nie wieder gesehen. Und wer sich unter seiner Kleidung verbarg, das weiß wohl nur er selbst.

tk

Juli

Stichworte des Monats

Ursprung:	Der Name rührt von Julius Cäsar her, dem römischen Feldherrn und Reformator des Kalenders. In Rom war dieser Monat der fünfte im Jahr und hieß Quintilius.
Andere Namen:	Heumonat, Heumond, Heuet, Honigmonat.

Der Regenbogen

Dann und wann steigt er weit auf,
zieht uns in Bann mit buntem Lauf.

Wir schauen Licht, blau, grün und rot.
Gottes Werk spricht: Ende der Not.

Farbiger Bogen gibt uns ein Zeichen
am Himmel oben: Angst wird weichen.

Regen verrinnt, Land wird erhellt.
Und bald beginnt Tanz über der Welt.

Sonnenspur scheint. Wir schöpfen Mut.
Niemand mehr weint. Alles wird gut.

jt

Was ich mir wünsche

Ich möchte einen Freund
der mit mir singt und lacht
und ganz verrückte Sachen
mit mir und anderen macht

Ich möchte einen Freund
der mit mir schweigt und weint
der mich in meiner Angst umarmt
und mich beschützt vor jedem Feind

Ich möchte einen Freund
der auch ganz Neues wagt
und mir in der Dunkelheit
»Wir sind zusammen« sagt

Ich möchte einen Freund
der mit dem Wind um die Wette rennt
der mit mir unter freiem Himmel schläft
und Höhlen und Wälder kennt

Ich möchte einen Freund
der sein Gesicht zur Sonne hält
der meine Hand ergreift
und mir leben hilft in dieser Welt

jt

Sing das Lied vom großen Frieden

Singstimme
oder Melodika

Text: Johannes Thiele
Musik: Ludger Edelkötter

2. *Laßt uns neue Pläne schmieden*
für die große Friedenszeit.
Öffnet für den großen Wunsch
eure Herzen weit.

Refrain

3. *Gut sind die, die Frieden machen*
und den Streit begraben.
Denn sie heißen Kinder Gottes
die Versöhnung wagen.

Refrain

4. *Nehmt euch an die Hände fest,*
ihr seid nicht allein.
Wenn die Angst erst ist vorbei,
dann wird Friede sein.

Refrain

August

Stichworte des Monats

Ursprung: Der Monat heißt nach Augustus, dem ersten römischen Kaiser des Weltreichs (sechster Monat des Jahres nach dem römischen Kalender).
Andere Namen: Erntemonat, Erntling, Sichelmond, Ährenmonat.

Kirchweihfest

Das Kirchweihfest wird zwischen August und Ende September gefeiert, spätestens zu Michaelis am 29.

September. Schon in den ersten Jahrhunderten der christlichen Kirche war es Brauch, Kirchen zu weihen und diesen Weihetag dann einmal jährlich festlich zu begehen. In der evangelischen Kirche werden Kirchengebäude nicht »konsekriert«, sondern durch Wort und Gebet dem kirchlichen Gebrauch übergeben.

Jede Gemeinde hat eigentlich ihren eigenen Kirchweihtag – viele Gemeinden halten sich aber an den halboffiziell ausgewiesenen Kirchweihsonntag im Spätsommer, wenn die Ernte vorbei ist und man Zeit zum Feiern hat. Als ein Fest der Gemeinde hat das Kirchweihfest viele Bräuche: Kirchweihgottesdienste mit Kirmes und Jahrmarkt, Dorf- und Familienfeste, Kuchenbacken usw.

Das große Fest

Kirche ist nicht nur aus Stein
niemand bleibt bei uns allein
was uns trennt ist überwunden
miteinander sind alle verbunden

Platz ist hier für groß und für klein
die sich versammeln um Brot und Wein
der Geist verweht vom Streit den Rest
denn ein Fest ohne Liebe ist kein Fest

jt

Gebet zum Kirchweihfest

Herr, vor dir steht deine Gemeinde: eine große Gemeinschaft, die dankbar ist für dieses Gotteshaus. Kleine und große Menschen haben sich um den Altar versammelt. Sie wollen sich an dich erinnern in deinem Brot und deinem Wein. Sie wollen aus diesen steinigen Mauern eine lebendige Kirche machen, eine Kirche für Große und Kleine.

Wir bitten dich, Herr:

daß es in unserer Gemeinde glaubwürdige und überzeugende Menschen gibt, die auch die jungen und kleinen Menschen ernst nehmen, auf sie hören und sie miteinbeziehen in die Feier des neuen Lebens, zu dem du uns gerufen hast;

daß die Gemeinde auch Fehler offen zugeben kann und einsieht, daß sie selbst noch auf der Suche und auf dem Weg ist;

daß sie eine Atmosphäre schafft, in der Vertrauen da ist, in der man miteinander sprechen, feiern, dienen kann.

jt

Gabengebet

Herr, du hast uns berufen, deine Gemeinde zu werden und in unserem Alltag das zu leben, was wir hier im Abendmahl feiern. Wir bringen dir unsere Gaben:

unser Versprechen und unsere Bereitschaft, des Nächsten wegen unsere persönlichen Wünsche einzuschränken;

unseren Willen, mehr Zeit für die Arbeit in der Gemeinde und für die Gemeinschaft aufzubringen;

unsere Hoffnung, anderen zuhören zu können und trotz Enttäuschungen immer wieder neue Wege zu suchen; Wege, die du uns gezeigt hast.

jt

Ferien-Aufgaben

Lieben lernen
wenn auch mit kläglichen Versuchen
und scheinbar niemand sie erwidert
doch du siehst das Leuchten
in den Augen der anderen

Kämpfen lernen
wenn auch mit zaghaften Armen
und scheinbar niemand an deiner Seite steht
doch einige bleiben bei dir
von denen du es nicht erwartet hast

Loben lernen
auch wenn es leise klingt
und scheinbar niemand es vernimmt
doch der Wind antwortet dir
in deinem Haar

Beten lernen
wenn auch mit holprigen Worten
und scheinbar niemand dich versteht
doch einer hat dich längst gehört
bevor du ihn gesucht hast

jt

Segen in die Ferien

Welche Wege werden wir gehen? Welchen Aufbruch wagen wir? Wohin führst du uns, Herr?

In wenigen Stunden werden viele aus unserer Gemeinde in die Ferien fahren. Was nehmen sie mit? Sicherlich haben wir alle viel Erwartung, viel Hoffnung. Und doch wird dieser Weg offen und ungewiß sein. Er würde es bleiben, wenn wir nicht Wegweiser hätten, wenn sich nicht alle gegenseitig Wege der Zuversicht zeigen würden, einander Licht auf diesem Weg wären – und Licht für die Welt, für die, denen es wirklich dunkel geworden ist. Wir ziehen wieder aus, machen uns auf den Weg. Eine große Fahrt beginnt. Aber es wird ein Weg sein, der die Mühe lohnt: Die Liebe geht mit euch, mit uns.

September

Stichworte des Monats

Ursprung: Der Name »September« kommt von der lateinischen Zählung *septem* als siebenter Monat im römischen Kalender.

Andere Namen: Herbstmonat, Scheiding (Sonne und Sommer scheiden), Holzmonat (Beginn der Holzfällerei).

Kennst du die Sprache der Blätter?

Der Tochter auf den Nachttisch gelegt

Liebe Christine,

jetzt, wo die Tage kürzer werden, ist die Zeit der Gedanken gekommen. Glaubst du, daß ich oft an dich denke? Die Nebel, die sich vor der hereinbrechenden Nacht niedersenken und auch am Morgen die Sonne lange zurückhalten, laden mich ein. Oft geschieht es ja nicht, daß dein Vater mit dir spazierengeht. Ich habe nur selten Zeit und Geduld gefunden für dich, in den vergangenen Monaten. Aber heute habe ich etwas gelernt – etwas ganz Alltägliches und doch Überraschendes.

Kennst du die Sprache der Blätter? Was sagt dir *ein Blatt, das, vom Wind hergeweht, unendlich schön in seiner Färbung und Gestalt, auf deiner Hand liegt? Was sprechen Rot und Gold an den Zweigen, die noch die letzten Träume zu erzählen scheinen? Weißt du, daß sie eine eigene Sprache haben, wenn sie sich vom Baum des Lebens gelöst und nur noch eine kurze Zeit der Glut und Fülle vor sich haben?*

Der Herbst ist eine Einladung, diese Sprache kennenzulernen. Wir suchen nach neuen Wegen, suchen oder trauern. Wir können mithelfen, die Tränen der Menschen zu trocknen und sie glücklich zu machen. Aber wir sehen auch das Ende unserer Kräfte. Eigenartig – wo wir doch fast alles erreichen können und alles unermeßliche Ausmaße annimmt, was wir in die Wege leiten, jetzt spüren wir das Ende des Wachsens. Nun kommt endlich das zur Geltung, was wir uns nicht kaufen können, sondern was uns so unverdient geschenkt wird: Heute auf unserem Weg durch den Wald habe ich viel davon gespürt! Und manches kann ich davon vielleicht mitnehmen und aufbewahren für alle Zeit: wenn ich darauf warte, daß ein langersehnter Brief kommt, ein Mißverständnis sich aufklärt. Du hast mir geholfen, meine erwachsen werdende Tochter, die Spuren wiederzufinden, die so oft im Alltag untergehen: Spuren von Nähe im Gesicht eines Menschen, in den Zeilen eines Buches, im Bogen eines Bauwerks. Du hast mir etwas wiedergegeben von dieser Sprache der herbstlichen Blätter, die unter unseren Schritten raschelten und die du aufgehoben hast, um sie mir zu zeigen.

Ich wünsche dir, daß auch du sie lesen lernst.

Dein Vater

jt

Reisefieber

Unter den Blättern der alten Eiche, die seit undenklichen Zeiten vor der Kirche am Dorfbach stand, herrschte große Aufregung. »Höchste Zeit, daß wir die Alte endlich loswerden. Lange genug hat sie uns gefangengehalten mit ihren dummen Ästen«, rauschten die verwegensten Blätter aufrührerisch in der Krone.

»Winde wehn, Blätter gehn«, sang eine musikalische Gruppe.

»Wir wollen frei sein«, raschelten ein paar Blätter. Schon fielen andere ein und endlich sauste und brauste es im ganzen Baum. »Frei! Frei! Frei!«

»Jedes Jahr das gleiche«, dachte die alte Eiche und schwieg wohlweislich still. Es hätte ja doch nichts genutzt.

Der Wind, immer auf der Suche nach Beute, strich durch die Zweige. »Was höre ich da?« summte er. »Ihr wollt frei sein? Kein Problem! Ihr müßt nur ein wenig mithelfen!«

Ein von Raupen halbangefressenes Blatt ließ sich überreden. Mit Hilfe des Windes riß es sich vom Zweig los und segelte davon. »Sag doch was«, raunte der Wind ihm zu und ließ es in der Luft tolle Kunststücke vollführen.

»Schön! Nein, ist das schön zu fliegen!« rief das halbangefressene Blatt. Viele andere Blätter wurden ganz gelb vor Neid, als es majestätisch vorbeiflog.

»Na, wie stehts?« fragte der Wind verführerisch, der sich mit dem Blatt besondere Mühe gegeben hatte und es mit anmutigen Wirbeln außer Sichtweite brachte. Aber, sosehr er auch an den Blättern rütteln mochte, kein anderes Blatt wagte den Absprung. »Dann eben später!« heulte der Wind böse. »Ich habe ja Zeit!«

Nun setzte eine helle Diskussion unter den Blättern ein. »Habt ihr gesehen, wie schön es geflogen ist?« sagten die gelben Blätter zu den grünen. »Kunststück!« sagten die grünen, »das hatte ja auch nichts zu verlieren.«

»Wenn man nur wüßte, wo die Reise hingeht«, sagten die Blätter in der Mitte des Baumes, die vor lauter anderen Blättern keinen Durchblick hatten.

Da meldeten sich die Blätter in der Krone zu Wort. »Das ist wie mit den Vögeln«, sagte das oberste Blatt zu allen. »Die fliegen, wohin sie wollen. Und das machen wir natürlich auch!« »Wir schauen uns erst einmal die Welt an, bevor wir uns irgendwo niederlassen«, meinten die dicken behäbigen Blätter eines weit in die Luft ragenden Astes.

»Und ich fliege mit meinen Freunden zu den goldenen Blättern, die nachts am Himmel leuchten«, sagte träumerisch ein sanft zusammengerolltes Blatt.

»Und wir wollten schon immer wissen, wohin der Bach fließt«, sprachen die Blätter, die dicht über dem Boden hingen.

»Also, worauf warten wir noch?« riefen die gelben Blätter

und färbten sich ganz rot vor Aufregung. Das bemerkte der Wind, und vorsichtig pirschte er sich heran. »Nein, was habt ihr für ein schönes Ausgehkleid an«, säuselte er bewundernd. »Das muß ich mir einmal näher anschauen.« Und eins, zwei, drei strich er an ihnen entlang und löste ihre Stiele von den Zweigen. Zuerst sanken sie ängstlich dahin. Aber dann blies sie der Wind hoch in die Luft. »Wir sind frei!« riefen sie da. »Seht, wie wir fliegen! Kommt doch hinterher, ihr Feiglinge!«

Nun gab es für die Eichenblätter kein Halten mehr. In rauhen Scharen wurden sie gelb und rot. Als der Wind zu seinem nächsten Besuch vorbeikam, hatte er keine Mühe, willige Opfer zu finden. Ganze Tages- und Nachtschichten fuhr er unermüdlich, um die Massen der Freiwilligen vom Baum zu werfen. Kein Blatt wollte jetzt mehr zu den letzten gehören, und bald war der ganze Baum leer.

»Gut, daß ich die verrückte Bande endlich los bin«, dachte die kahle Eiche befriedigt. Aber, neugierig wie sie war, hätte sie doch gar zu gern gewußt, was aus den Blättern geworden war, die nicht wie die anderen auf dem Boden lagen, sondern die der geheimnisvoll rauschende Bach mit sich genommen hatte.

tk

Oktober

Stichworte des Monats

Ursprung: Der Name »Oktober« läßt sich aus dem lateinischen *octo* für acht ableiten; der Oktober war der achte Monat im römischen Kalender.

Andere Namen: Dachsmond, Weinmonat, Gilbhart (Blätter!).

Tischgebet und Vaterunser-Bitte weisen auf das tägliche Brot hin, erinnern aber auch daran, daß auf eine Bitte ein Dank folgen sollte.

Erntedankfeste waren schon im Altertum weitverbreitet. Die Römer kannten Dankfeste für die Ernte, und im Alten Testament (Ex 23, 16) feierten die Israeliten Wochen- und Laubhüttenfest als Erntedankfest. Die Abhängigkeit des Menschen vom Essen erfährt darin ihren Ausdruck. In der Kirche des Mittelalters bereits werden dann besondere Erntedankmessen mit Segnung von Früchten und mit Tedeum (Gott, wir loben dich) bekannt. Einen festen Termin für den Erntedank gab es allerdings nicht, heute ist das Fest auf den ersten Sonntag nach Michaelis (29. September) festgesetzt.

Der Inhalt des Erntedankfestes ist bestimmt von der eingebrachten Ernte. Beim Erntedank in ländlichen Regionen bezeugen die Menschen, daß sie sich in der Hand Gottes wissen und dafür dankbar sind. Die Landleute, die mit dem Säen und Ernten des Brotes zu tun haben, merken, wie sehr sie vom Wetter abhängig sind, wie wenig sie selber, trotz aller Mühe und aller technischen Errungenschaften, zuwege bringen. Der Abschluß der Ernte bedeutet, daß die Scheunen voll sind, daß man für den Winter genug Nahrung hat – all dies ist ein Grund zur Freude. Jetzt kann man an die vollen Mehltruhen gehen und backen und fröhlich sein. So ist es verständlich, daß das Erntedankfest aus dem kirchlichen Raum heraus auch im weltlichen Berücksichtigung fand – beides war ja nicht voneinander zu trennen. Doch nicht nur gefüllte Scheunen und Truhen, volle Kammern und Keller, Kassen und Konten sind letztlich entscheidend, sondern »reich« zu sein in Gott.

Im hochindustrialisierten Zeitalter wird auch am Erntedankfest die Landwirtschaft, in der nicht einmal zehn Prozent der Bevölkerung in der Bundesrepublik tätig sind, nicht mehr allein im Vordergrund stehen. Das Erntedankfest lädt auch ein, die tägliche Arbeit miteinzubeziehen. Nicht selten liegen heute auf dem Erntedankaltar darum Industrieerzeugnisse.

Zwei Akzente sollten an diesem Fest unbedingt mitbedacht werden: das Denken an jene, die zuwenig tägliches Brot haben, die Hungernden in der Welt – und das ökologische Bewußtsein, daß wir mit Boden und Natur sorgfältiger umzugehen haben, ihnen nicht zu viel oder gar keine Chemikalien und Kunstdünger zuführen sollten. Das Nachdenken über die Erhaltung der Schöpfung bedeutet auch, sich mit der Ausbeutung der Rohstoffvorkommen und mit der Zerstörung der Naturräume auseinanderzusetzen, den Haushalt der Natur zu achten und sich für Umwelt- und Naturschutz einzusetzen. Erntedank könnte so zu einem »grünen Fest« werden. Und überhaupt ein Anlaß, um »Dankesagen« zu üben (siehe unsere Texte).

Brauchtum:

★ Für den Gottesdienst und das Haus einen Erntekranz flechten (Vogelbeeren, Hagebutten, Immergrün, Buchsbaum, Ähren, Feldblumen, und dazu bunte Bänder, Papierstreifen, Gold- und Glanzpapier);
★ Altar schmücken mit Blumen, Ähren, Früchten aus Feld und Garten, möglicherweise auch mit anderen Erzeugnissen;
★ Auszug aufs Feld mit Frühmesse und Segnung der Erntegeräte;
★ Erntewagen schmücken mit Blumen und Bändern;
★ Erntefest mit Erntetanz;
★ Ernteessen und Erntegebet;
★ Weinlese- und Winzerfest mit Weinkirmes.

Alte Erntetermine: von Johannis bis Bartholomä
(24. Juni bis 24. August)
oder von Jacobi bis Ägidii
(25. Juli bis 1. September)

Ein wichtiges Wort am richtigen Platz

Es war einmal ein kleiner gewitzter Junge, der hieß Achim. Dem gaben seine reichen Eltern drei teure Privatlehrer zur Seite, die ihn erziehen sollten. Aber während Achim immer neue Zahlen und Wörter lernte, darunter sogar schon einige fremdsprachliche, gab es doch ein Wort, das er immer seltener sprach und schließlich überhaupt nicht mehr gebrauchte. Achims Vater, der ihm immer wertvolle Geschenke machte, merkte es als erster. Als er ihm von einer Geschäftsreise eine kleine Spielzeugrakete mitbrachte und Achim diese auspackte, fragte er listig: »Was sagt man denn, wenn man so etwas geschenkt bekommt?«

»Nicht schlecht«, sagte Achim, »ich nehme es.«

Das gefiel dem Vater aber gar nicht, und er beriet mit seiner Frau, was zu tun sei. »Es liegt alles an deinen teuren Geschenken«, meinte sie vorwurfsvoll. »Damit verwöhnst du ihn nur.«

Also beschlossen sie, ihren Jungen zu zwingen, das Wort zu sagen. Erst strichen sie ihm seine Geschenke, dann das Taschengeld, und als das immer noch nichts nutzte, verboten sie ihm sogar, Fernsehen zu gucken.

Der Kleine war ja schlau und wußte natürlich genau, was seine Eltern von ihm wollten. Er brauchte das Wort nur ein einziges Mal zu sagen, und schon hatte er wieder alles, was er wollte. Aber Achim war in einem Alter, wo man Erwachsene gern ärgert, auch wenn es die Eltern sind und noch nicht einmal ein Grund da ist. Also stellte er sich stur, und je härtere Strafen seine Eltern sich ausdachten, um so widerspenstiger wurde er.

»Ich gebe auf«, stöhnte schließlich Achims Vater. »Einen Tausendmarkschein demjenigen, der den Bengel dazu bringt, einmal ›danke‹ zu sagen!«

So etwas sprach sich selbstverständlich schnell herum, und sogleich versuchten es Achims drei Privatlehrer, in den Besitz des Tausendmarkscheins zu kommen.

Der erste machte es sich ganz einfach. »Sag doch mal ganz schnell ›danke‹«, sagte er und glaubte, das Geld schon in der Tasche zu haben.

»Merci«, sagte Achim. Aber das galt nicht, denn das heißt ›danke‹ auf französisch.

»Ich gebe dir zehn Mark von den tausend ab, wenn du dich dafür bedankst«, sagte der zweite, sein Rechenlehrer, und dachte, etwas ganz Schlaues geboten zu haben.

»Nein, bitte!« meinte Achim höflich, denn »nein, danke« wollte er ja nicht sagen.

Der dritte Lehrer, ein mürrischer Mensch, versuchte es mit Gewalt. Aber als er auf den Jungen losgehen wollte, um ihn an den Ohren zu ziehen, schaltete sich die Mutter ein und hielt ihn ab.

»Das war auch dein Glück«, rief Achim ihm zu. »Meine Rache wäre fürchterlich gewesen.«

Nun standen die Eltern wieder ratlos da. Aber bevor sich Achims Vater vor Verzweiflung die Haare raufen konnte, schellte es und Achims kleine Freundin Elke stand vor der Tür. »Für Achim«, sagte sie und überreichte ein kleines Bilderbuch. Und alle Bilder hatte sie selbst gemalt.

»Oh, dankeschön«, sagte Achim da sofort erfreut.

Jetzt waren die Eltern froh, und der Vater wollte sein Versprechen wahrmachen und Elke den Tausendmarkschein geben. Den aber wollte Elke nicht und bat sich statt dessen ein großes Eis aus: für sich und für Achim.

tk

Die dicke Orange

»Nächsten Sonntag feiert die Kirche das Erntedankfest«, erklärte Religionslehrer Lutze. »Wir danken Gott für alles Getreide, Obst und Gemüse, das wir auf dem Feld oder im Hausgarten ernten konnten.«

»Aber wir kaufen alles nur im Supermarkt«, meldete sich

der kleine Arnulf. »Wir haben keinen eigenen Garten. Und immer teurer wird es auch, sagt Mama.«

Lehrer Lutze überlegte angestrengt, aber dann lächelte er. »Es war einmal«, so begann er zu erzählen, »in einem fremden fernen Land eine ganz kleine giftgrüne Orange. Die hatte sich im Orangenbaum den schönsten Sonnenplatz ausgesucht, den es gab. Da hing sie nun sehr lange und ließ sich von den Sonnenstrahlen bescheinen. Und sie freute sich an der bunten Welt, dem blauen Himmel, den Vögeln und Schmetterlingen. Vor lauter Freude wurde sie immer dicker und dicker, und auch ihre Farbe wechselte von Grün bis Gelblich und dann zu einem leichten Rot. Schließlich war sie die dickste Orange im Baum. Aber lange, bevor sie richtig reif wurde, pflückte man sie ab und sie kam zu den Menschen.

Der eine warf sie in einen Korb, der nächste sortierte sie zu anderen dicken Orangen. Dann wurde sie in einer Kiste in ein Schiff verladen und kam nach Deutschland. Vom Hafen wurde sie in einem Lastwagen zu unserem Supermarkt gefahren, wieder ausgepackt und wartet nun auf euch.«

Lehrer Lutze lächelte Arnulf zu. »Tja«, sagte er, »und wenn deine Mutter die dicke Orange kauft, dann bezahlt sie die Besitzer vom Supermarkt, vom Lastwagen, vom Schiff und von der Orangenbaumplantage. Und auch die vielen Verkäufer, Fahrer und Pflücker, die mit ihr zu tun hatten. Ja, sie muß sogar die Chemikalien bezahlen, mit denen die Orange gespritzt wurde, und die deine Mutter gar nicht haben mag. Aber die dicke Orange selbst, die so saftig ist und so gut schmeckt, wenn ihr hineinbeißt, und der grüne Zweig, an dem sie hing, und die vielen Tage, die sie reif werden ließen, mit Sonnenstrahlen, blauem Himmel, Vögeln und Schmetterlingen, die gehören keinem Menschen und die kann man nicht bezahlen. Und dafür . . .«

». . . danken wir Gott am Erntedankfest«, unterbrach Arnulf und sah den Lehrer strahlend an.

tk

Drei Versuche, Kindern zu danken

Eine neue Hoffnung wuchs
in deinen Händen
als du Großmutters Haar berührt
und ihr Lächeln erwidert hast:
deine Hände wurden schön,
kleine Marlene, so schön wie nie.

Ein neues Leben wuchs
in deinen Armen
als du Vater umarmt
und ihm verziehen hast:
deine Augen wurden schön,
kleiner Jan, so schön wie nie.

Ein neuer Glaube wuchs
auf deinen Lippen
als du mir dein Gebet gesagt
und mich wieder wünschen gelehrt hast:
und unser Glaube wurde stark,
kleine Teresa, so stark wie nie.

jt

Reformationstag *31. Oktober*

Schon bald nach Einführung der Reformation in den verschiedenen Ländern Deutschlands gedachten die Gemeinden jährlich im Gottesdienst der Reformation. Der Termin lehnt sich seit 1667 an den Tag des Thesenanschlags Martin Luthers an die Schloßkirche in Wittenberg am 31. Oktober 1517 an. Das Reformationsfest ist ein Gedenktag, an dem sich evangelische Christen in Gottesdiensten, Festveranstaltungen und kirchlichen Feiern sagen, warum sie evangelisch sind.

Es ist ein kirchengeschichtliches Fest, an dem Geschichte lebendig werden kann, und heute kein antikatholisches Bekenntnisfest mehr. Es sollte aber mehr noch als bisher ökumenischen Charakter bekommen.

Der Uralte über dem felsigen Untergrund

Im Haus des Glaubens *gibt es viele schöne Zimmer. Die meisten, aber nicht alle, sind vermietet. Jeder der Mieter findet bei seinem Einzug ein helles freundliches Wohnzimmer vor, das er sich nach seinem Geschmack gestalten kann. Und da sich über Geschmäcker bekanntlich streiten läßt, sind auch die Zimmer sehr unterschiedlich eingerichtet.*

Da gibt es Mieter, die ihre Koffer erst gar nicht auspacken. Obwohl sie größtenteils schon sehr lange dort wohnen, sind sie jederzeit wieder zum Auszug bereit. Andere Mieter machen es genau umgekehrt: Samttapeten an den Wänden, dicke Teppiche auf dem Boden, schwere Vorhänge vor den Fenstern. Aller möglicher Krimskrams überall, so daß man sich kaum bewegen kann, ohne an irgend etwas zu stoßen oder es gar zu beschädigen. Aber von dem lichten Raum und der schönen Aussicht durch das Fenster ist hier kaum noch etwas zu bemerken.

Wieder andere Mieter treiben es ganz geheim. Sie wollen allein sein und lehnen jeden Kontakt zu ihren Mitmietern auf das schärfste ab. Deshalb befestigen sie ihre Türen mit dicken Eisenverschlägen und hängen zur Sicherheit noch ein dickes Schloß daran. Da sie selbst die leisesten Geräusche ihrer Nachbarn wie die Pest hassen, verschandeln sie die schönen Wände mit dicken, undurchlässigen Mauern davor. Selbst bei den Fenstern haben sie Angst, daß andere hineinschauen könnten. Also verrammeln sie sie ebenfalls bis auf ein winzig kleines Guckloch, und auch das ist einigen noch zu viel.

Von diesen letzteren Bewohnern des Hauses gibt es leider eine ganze Menge, obwohl man bei deren Geheimnistuerei und der unvorstellbaren Größe des Hauses nie genau weiß, wieviel überhaupt leben. Nun muß man aber der Gerechtigkeit halber sagen, daß die Mehrzahl der Mieter ihr Zimmer in Ordnung hält.

So zum Beispiel der uralte Mann, der ein riesiges Zimmer im Keller des Hauses gleich über dem felsigen Untergrund bewohnt. Oder die rüstige ältere Dame im Dachgeschoß, die dort ein kaum weniger großes Zimmer besitzt. Die beiden sind nicht übermäßig prunkvoll eingerichtet, und ihre Tür steht vielen ratsuchenden Besuchern, darunter auch so manchem Gast von außerhalb des Hauses, offen.

Obwohl diese zwei viele Gemeinsamkeiten haben, ist ihre Beziehung untereinander nicht gerade sehr freundschaftlich zu nennen. Besuche sind selten und ihr Kontakt läuft hauptsächlich über das Haustelefon ab. Aber dennoch, wer sie von früher her kennen würde, wäre sehr überrascht.

Denn am Anfang hatte es einmal eine Zeit gegeben, in der beide friedlich in einer gemeinsamen Wohnung zusammengelebt hatten. Bis sie dann aber Streit bekamen und sich die Dame selbständig machte. Von da an lebten sie in offener Feindschaft. Sie schrieben sich Drohbriefe, warfen einander die Scheiben ein und, man schämt sich fast, es zu sagen, sie zogen unbeteiligte Dritte mit in ihren Streit hinein, so daß das ganze Haus in Aufruhr geriet.

Aber, wie gesagt, das ist Gott sei Dank schon lange Vergangenheit. Genauso wie die Zeit, als der uralte Mann noch nicht ganz so alt war und es nicht für unter seiner Würde hielt, gegen die Hausordnung zu verstoßen, einfach in andere Zimmer einzudringen, um sie zu plündern und die Bewohner zu vertreiben. Davon will der alte Herr heute natürlich nichts mehr wissen. Und man muß ihm auch zugute halten, daß er sich in dieser Hinsicht gewaltig gebessert hat. Wenn er auch so seine Eigenarten hat, besonders Kindern und Jugendlichen gegenüber, deren Sorgen bei ihm oft nur auf taube Ohren stoßen. Aber auf Wunsch des Vermieters wurde er neuerdings sogar mit der älteren Dame beim Vorbereiten eines gemeinsamen Abendessens beobachtet. Obwohl er dann seinen Wagemut bereute und die gegenseitige Einladung wieder zurücknahm, war es doch ein großer Fortschritt.

Und für uns bleibt nur abzuwarten, was aus dieser Beziehung der beiden Mieter im Haus des Glaubens noch alles wird.

tk

November

Stichworte des Monats

Ursprung: Der Name »November« kommt vom lateinischen *novem* für neun (neunter Monat im römischen Kalender).

Andere Namen: Nebelung, Windmonat.

Allerheiligen — *1. November*

Am 1. November ist der Gedächtnistag aller Heiligen im Himmel – er wird in der abendländischen Kirche seit dem 9. Jahrhundert gefeiert. Allerheiligen ist gleichsam das »Familienfest« der christlichen Kirche. Am Abend des Allerheiligentages, also am Vorabend von Allerseelen, beginnt in katholischen Gegenden der Gang zum Friedhof. Die Gräber werden an diesem Tag gerichtet und mit Blumen, Kränzen und Kerzenlichtern geschmückt. Ein guter Brauch ist es, zum Gedenken an die Toten einen kleinen immergrünen Zweig in einen mit frischem Wasser gefüllten kleinen Weihwasserbrunnen zu legen.

Heuchelhauser Heiligkeit

Heuchelhausen war ein ganz gewöhnlicher Ort. Mit einem kleinen Unterschied allerdings. Es wohnten dort lauter Heilige. Das sagten jedenfalls staunend alle Besucher, wenn sie wieder nach Hause kamen. Und wenn sie es erzählten, machten sie dabei drei Kreuzzeichen. So hatte die Heiligkeit auf sie gewirkt.

Jetzt will ich euch einmal beschreiben, wie das Leben der vielen Heuchelhauser Kinder aussah.

Sofort, wenn die Mutter früh am Morgen in das Zimmer kam, sprangen sie auf, beteten eine halbe Stunde ihr Morgengebet und stiegen dann in Windeseile in ihre Kleider. Anziehen, Waschen und am Tisch sitzen, das dauerte bei ihnen ganze fünf Minuten.

Und auch beim Frühstück und überhaupt zu allen Mahlzeiten machten sie ihren Eltern große Freude. Sie saßen still und brav, kleckerten nie und aßen manierlich alles, was auf den Tisch kam.

Und in der Heuchelhausener Dorfschule warteten sie nicht etwa auf den Lehrer. Nein, sie fingen gleich an, ihre Hefte und Bücher aufzuschlagen und zu lernen. Wenn dann der Lehrer kam, zeigten sie ihm unaufgefordert ihre Hefte mit den Hausarbeiten und die vielen Aufgaben, die sie freiwillig dazu gemacht hatten. Im Unterricht waren sie mucksmäuschenstill und redeten nur, wenn sie gefragt wurden.

In den Klassenarbeiten schrieben sie alle nur Einsen. Das gibt es nicht, sagst du? – Von wegen! In Heuchelhausen doch. Wer nicht schlau genug war, um eine Eins zu schreiben, der war eben superfleißig. Und wer den ganzen Tag über lernt, der kann dann auch Einsen schreiben. Da brauchst du nur deine Eltern zu fragen. Die werden dir das bestätigen.

Aber am artigsten waren die Kinder in der Kirche. Nie sagten sie ein Wort zu ihren Nachbarn oder schauten zur Seite oder gar nach hinten. Sie knieten die ganze Zeit, und wenn sie kommuniziert hatten, waren sie drei ganze Stunden voll von Heiligkeit und deshalb nicht ansprechbar.

Am Abend, nach einer weiteren halben Stunde Abendgebet, gingen sie zu Bett und dachten über den vergangenen Tag nach. Vielleicht hatten sie da doch eine kleine Untat übersehen, die ihnen nun zur Heiligkeit fehlte und die sie unbedingt bei der nächsten Beichte büßen mußten.

Eine Sünde kam in Heuchelhausen, wie du dir denken kannst, sehr, sehr selten vor. Aber der Teufel ist nun einmal gerade dort sehr gewitzt, wo man glaubt, ihn vertrieben zu haben. Trotzdem, auch das wußte man in Heuchelhausen. Also beichtete man nicht nur die paar lächerlichen Sünden, die man begangen hatte, sondern zur Vorsicht auch noch die, die man bei einiger Phantasie vielleicht begangen haben könnte.

So heilig lebten alle Bewohner bis an ihr Lebensende. Und in der ganzen Geschichte Heuchelhausens gab es nur eine einzige Person, die anders gewesen war.

Nicht nur, daß sie als kleines Mädchen morgens gern und lange im Bett lag und darüber das Morgengebet verschlief. Nicht nur, daß sie beim Essen schwatzte und kleckerte. Nicht nur, daß sie bei schönem Wetter zu spät zur Schule kam, im Unterricht lachte, lauter Fünfen schrieb und obendrein noch äußerst faul war. Das alles hätte man ihr bei der Heiligkeit des Ortes noch verziehen.

Aber dieses Mädchen wagte es sogar, in der Kirche aus der Reihe zu fallen. Sie redete während der Predigt einfach mit anderen Kindern, die sie zwar nicht beachteten, aber ganz schön in ihrer Aufmerksamkeit abgelenkt wurden. Manchmal klatschte sie laut in die Hände, und zum Empfang der Kommunion rannte sie sogar zum Altar und auch wieder zurück.

Nach der Messe hatte sie diese sofort vergessen und versuchte, ihre Altersgenossen, die noch voller Andacht waren, zu einem ihrer schlimmen Spiele zu überreden.

Alle Ermahnungen, in sich zu gehen und ihre Sünden zu beichten, nützten nichts. Über den vergangenen Tag dachte dieses schreckliche Kind nur nach, wenn er besonderen Spaß gemacht hatte.

Als alles nichts half, begann man für sie zu beten. Und als auch dieses nichts half, sperrte man sie endlich in einen Keller ein. Denn schließlich verwirrte sie alle anderen Kinder und brachte damit die Heiligkeit ganz Heuchelhausens in Gefahr. Von ihrem Gefängnis ist sie irgendwann einmal ausgebrochen. Vielleicht hat ihr sogar ein Heuchelhausener dabei geholfen. Jedenfalls aber waren alle froh, sie los zu sein und sich wieder ungestört der Heiligkeit widmen zu können.

Leider gibt es Heuchelhausen heute nicht mehr. In einer großen Flutkatastrophe ging es unter und die Heuchelhausener wurden in alle Welt zerstreut. Vielleicht gibt es in deiner Nachbarschaft auch ein paar Nachkommen, die dir erzählen können, wie heilig die Heuchelhausener lebten.

Und das Mädchen? Nun, lange nach ihrem Tod blieb der Kirche nichts anderes übrig, als sie heilig zu sprechen. Sie muß wohl in ihrem späteren Leben irgend etwas Besonderes geleistet haben.

Wie das kam, daß ausgerechnet ihr das passierte, ist schwer herauszufinden. Vielleicht lag es ja an der Heiligkeit Heuchelhausens, die einen, wann auch sehr späten, guten Einfluß ausübte. Aber hundert Prozent sicher bin ich mir da nicht.

tk

Allerseelen — *2. November*

Allerseelen – und nicht Allerheiligen – ist der eigentliche Gedächtnistag der Toten, seit dem 15. Jahrhundert auch ein kirchlich bedeutsamer Tag. Der November gilt auch als Totenmonat. Die Gräber der Angehörigen auf den Friedhöfen werden mit Blumen, Kränzen und Laternen geschmückt, darüber hinaus sind Allerheiligenprozession von der Kirche zum Friedhof und Gottesdienste, bei denen Kerzen für die Verstorbenen geopfert werden, weitverbreitet. Die frühere Allerseelenverehrung kannte noch viele Bilder, Sprüche, Sagen, Lieder und Gebete. Früher war es üblich, am Allerseelentag noch einmal für die Verstorbenen des vergangenen Jahres auf dem Tisch ein Gedeck aufzulegen.

Unser Fest Allerseelen

Eine Plastiktasche, in der Kerzen und rote Halter stecken. Ein Nachmittag, kühl und unfreundlich; Nebel kündigt die frühe Dämmerung an.

Der Spaziergang zum Friedhof. Viele grau und schwarz gekleidete Menschen sind auf dem Weg. Ernste Gesichter, die Stirn in Falten gelegt.

Eine Menschentraube, die sich um die kleine Kapelle versammelt hat. Für uns ist kaum etwas zu erkennen. Einige Meßdiener, ein Stückchen vom Gewand des Priesters. Der große Mann vor mir, den Hut in den klobigen Händen, versperrt den Weg. Die Stimme des Priesters, schnell wird sie vom rauhen Wind verschluckt. Ein Lied, auf- und abschwellend, dann der Segen. Die Menschen verteilen sich. Da ist Onkel Gisbert, da Cousine Anna. Man wird sich nachher sehen.

Das Familiengrab. Vorsichtig treten wir auf die Platten. Blätter, kleine Äste werden entfernt, die Kerzen von den Eltern verteilt. Wir dürfen sie anzünden.

Ein Streichholz geht sofort aus. Die Hand des Vaters schützt das zweite und die Kerze. Sie brennt. Bei den anderen klappt es besser. Alle Kerzen brennen sofort. Sie umrahmen das Grab. Drei sind in der Mitte.

Drei Menschen. Verwitterte, eingeritzte, von Grünspan überzogene Namen auf dem schwarzen Stein. Eine Schwester, bei der Geburt gestorben. Die Großmutter, blasse Erinnerung an ihr Gesicht, ihre Stimme. Es ist so lange her.

Der Großvater. Was war er für ein Mensch? Eine Fotografie ist alles, was ich von ihm kenne. Zu wenig!

Ein Vaterunser, ein »Gegrüßet seist du, Maria«. Stille. Auf einmal Traurigkeit. Woher kommt sie?

Die Stimmen der Eltern zittern. »Das ewige Licht leuchte ihnen. Der Herr lasse sie ruhen in Frieden. Amen.«

Wir gehen weiter. Ein Blick zurück. Die Kerzen brennen. Alle. Gräber, Menschen, Lichter. Der Friedhof scheint aufgeweckt. Aber es gibt auch Gräber, die dunkel bleiben.

Der übliche Gang. Das verwilderte Grab Tante Friederikes, zwei Kerzen. Onkel Hubert, im Krieg gestorben, auch zwei Kerzen. Die andere Großmutter, der Großvater. Onkel Gisbert und Tante Erna haben das Grab geschmückt. Ihr einziger Sohn liegt auch da.

Man unterhält sich. Cousine Anna ist albern wie immer. Andere Verwandte kommen dazu. Eine große Gruppe. Langweilig! Wir reißen uns um die verbliebenen Streichhölzer. Zünden ausgegangene Kerzen auf fremden Gräbern an.

Der Himmel ist schwarz. Wir gehen zurück. Überall zucken Flämmchen. Es sieht unheimlich aus. Wir greifen nach den warmen Händen von Vater und Mutter.

tk

Totengedenken

Sie kommen um
verdurstet in Indien
verhungert im Sahel
sie, die zahllosen Massen der Welt
ich aber nicht

Sie kommen um
erschossen in Afghanistan
zerbombt in El Salvador
sie, die zahllosen Freiheitskämpfer der Welt
ich aber nicht

Sie kommen um
gehenkt im Iran
geköpft in Pakistan
sie, die zahllosen Gefangenen der Welt
ich aber nicht

Sie kommen um
ertrunken im südchinesischen Meer
verreckt in Somalia
sie, die zahllosen Flüchtlinge der Welt
ich aber nicht

Sie kommen um
entschlafen in Passau
heimgegangen in Bremen
ich
ich habe
ich habe Angst
ich habe Angst um mich

tk

Brief an den November

Lieber November!

Viele Erwachsene mögen dich nicht. Sie werden traurig und vergessen das Lachen, wenn sie dein verdrießliches, nebliges und kaltes Gesicht sehen. Die meisten wollen nicht, daß du sie erinnerst an den Tod und an das Ende ihres Lebens. Ich aber, ich mag dich, November, ich bin dein Freund. Auch wenn du die Sonne versteckst, erinnere ich mich an ihre Kraft. Du schickst den Wind und ich lerne, mich von ihm treiben zu lassen. Und wenn du den Himmel dunkel machst, sehe ich dahinter, wie gut das Leben ist.

Mit dir geht der Herbst zu Ende. Die Felder liegen brach, die Ernte ist eingebracht. Bald kann es sein, daß der erste zaghafte Schnee fällt und die Landschaft mit einer dünnen silbrigen Decke überzieht.

Ich habe dich lieb, alter seltsamer November. Wir Kinder lernen jetzt wieder aus dem Fenster zu schauen und zu träumen. Wir sitzen in warmen Zimmern, schreiben Briefe an unsere Freundinnen und Freunde. Und einige lesen wieder Bücher oder hören den Geschichten der Älteren zu.

Die letzten Blätter wehst du von den Bäumen. Nur manchmal läßt du die Sonne sehen, rot und fern. Weil du selber kühl bist, wärmen die Menschen einander. Du bringst sie zusammen.

Danke, daß du ein Freund der Kinder bist, sagt dir

Dein Uli.

jt

Martinstag — *11. November*

Martinus wurde in Ungarn geboren, war dann Einsiedler und Gründer eines Klosters bei Poitiers und wurde gegen seinen Willen Bischof von Tours. Berühmt und beliebt war er wegen seiner Güte und Menschenfreundlichkeit, auch Wunderkraft wurde ihm nachgesagt. Der bekannten Legende zufolge hat er bei einem Ritt vor Tours seinen Mantel mit dem Schwert in zwei Stücke geteilt und eines davon einem frierenden Bettler gegeben. Daher ist St. Martin ein Symbol für christliche Barmherzigkeit geworden und zum Schutzheiligen der Armen und der Reiter.

Brauchtum: Das Martinsfest wird oft – ungeklärterweise – mit dem Braten und Verzehren einer Martinsgans in Verbindung gebracht. Martini als Zinstermin war auch der Ablieferungstag von Naturalien. Kinder brachten dem Lehrer und dem Pfarrer an diesem Tag oft eine Martinsgans zum Geschenk. Martinsfeuer (kleines Feuer aus Reisig, Holzresten und Stroh) werden abgebrannt und Kinder mit Äpfeln, Nüssen, Pfefferkuchen beschenkt. Das Martinssingen (oder der Martinszug) ist ein weitverbreiteter Brauch: Die Kinder ziehen mit selbstgebastelten Laternen hinter einem auf einem Schimmel reitenden, als St. Martin verkleideten Mann hinterher und singen Martinslieder. Auch gibt es in einigen Gegenden den Brauch der Martinslichter: ausgehöhlte Kürbisse auf einem Stock, die durch kleine Kerzen erleuchtet werden. In manchen Landschaften beginnt am 11. November auch die Schlachtezeit mit Schlachteschmaus.

Dezember

Stichworte des Monats

Ursprung:	Der Name »Dezember« leitet sich ab vom lateinischen Wort *decem* für zehn; der Dezember war der zehnte Monat im römischen Kalender.
Andere Namen:	Christmond, Julmond, Heilmond, Christmonat.

Adventszeit — *ab 1. Adventssonntag*

Mit der adventlichen Zeit beginnt das Kirchenjahr. Sie hat ein reiches Brauchtum und ist gekennzeichnet durch mehrere kleinere Feste (Nikolaus, Barbara usw.). In vielen Gegenden gibt es das Adventssingen. Außerdem ist die Adventszeit auch Gelegenheit für die Weihnachtsbäckerei: Spekulatius (»Spekulatius« kommt übrigens von *Spekulator,* einer alten Bezeichnung für Nikolaus), Stutenkerle, Spritzgebäck, Pfeffernüsse, Honigkuchen, Mandelgebäck, Christstollen usw.

Der Adventsstern erinnert an den Stern, der den Weisen auf ihrer Reise zur Krippe nach Betlehem den Weg zeigte. Der Brauch, im Advent Zweige aufzustecken (Barbarazweige), nimmt Jes 11, 1 auf: »Es wird ein Reis aufgehen vom Stamm Isais und ein Zweig aus seiner Wurzel Frucht bringen.«

Transparente werden aufgestellt, um das Licht der Ewigkeit anzudeuten. Auch Adventskalender (mit Transparentfenstern) sind weit verbreitet. Jeden Tag darf das Kind eines der 24 Kläppchen öffnen – bis Weihnachten. Die Kalender haben aber nur dann einen christlichen Sinn, wenn sie der adventlichen Botschaft vom Kommen Gottes gerecht werden.

Der Adventskranz als Siegessymbol in der vorweihnachtlichen Zeit ist vermutlich die Wiederholung einer alten Wintersitte und geht wie viele auf den Ringzauber zurück: Kränze aus geflochtenem Stroh oder grünen Tannenzweigen brachten Segen und sollten Unheil abwenden. Die Zauberkränze wurden deshalb mit goldenen und roten Bändern umwickelt. Der christliche Adventskranz ist aus Tannenzweigen geflochten und mit vier roten Kerzen besteckt: für jeden Adventssonntag eine.

Adventliche Wünsche

Ich will mit dir das Wünschen lernen
das Schreiben auf großen Wunschzetteln
aber wir wollen sie nicht in die Warenhäuser tragen

damit die Kassen voller werden
und süßer klingeln wie nie:
unverzeihlich würde sie sein, die Habgier

Ich will mit dir das Beten lernen
das Warten darauf, daß jemand ankommt
und uns befreit aus unserer Zerstrittenheit
damit wir Frieden stiften können
und hoffen auf ein Morgen:
unübersehbar werden sie sein, die Zeichen

Ich will mit dir das Lieben lernen
das Berühren der geschlossenen Lider
das unsere Augen öffnen wird
damit wir wie eine Stadt auf dem Berge sind
und jeder uns sehen kann:
unauslöschlich wird es sein, das Licht

Ich will mit dir das Wünschen lernen
das Schreiben auf großen Wunschzetteln
die wir in unsere Herzen einpflanzen
damit wir gerechter miteinander leben können
weil Christus kommen wird:
unwiderruflich wird sie sein, die Ankunft

jt

Der christliche Dezember-Express

Achtung! Laut Fahrplan des Kirchenjahres
fährt ab in Richtung Weihnachten:
Der christliche Dezember-Express.
Steigt ein, springt auf,
und keine Vorsicht bei der Abfahrt!
Die Türen der Herzen offenlassen.

Erster Halt am ersten Advent.
Fahrgäste steigen um, steigen zu.
Wir zünden ein Stationslicht an und
besinnen uns auf die Weiterreise.

Der Zug durchrollt die zweite Woche.
Wir teilen den Hoffnungsproviant;
geben ab an blinde Passagiere.
Nächste Station am zweiten Advent.

Wir fahren, lachen, singen, träumen,
durchqueren Tunnel, die durch Berge
unserer Lieblosigkeit führen.
Kurze Rast am dritten Advent.

Schnell und schneller wird die Fahrt.
Bald ist es soweit! Die Gleise
zittern schon in der Vorfreude.
Letzte Pause am vierten Advent.

Achtung! Hier Weihnachten Hauptbahnhof!
Es fährt jeden Moment ein:
Der christliche Dezember-Express.
Bahn frei für die Ankunft des Herrn!
Den Fahrgästen ein frohes Fest und
gute Weiterreise im neuen Jahr!

tk

Nikolaustag *6. Dezember*

Das Nikolausfest ist für Kinder sicherlich einer der Höhepunkte der Adventszeit. Nikolaus wurde im 4. Jahrhundert als Bischof von Myra in Kleinasien wegen seiner Freigebigkeit und Kinderfreundlichkeit sehr verehrt und geliebt. Wegen der vielen Legenden, die sich um sein Leben ranken, ist er der eigentliche Schutzheilige und Freund der Kinder. Nach der Legende hat er Kindern das Leben gerettet und zur Unterstützung von Kindern die goldenen Geräte seiner Kirche verkauft. Bekannt ist auch die Legende von seiner Hilfe in der Hungersnot und den geöffneten Kornspeichern. Daher könnte sein Namensfest auch Anlaß sein, sich gegen den Hunger in der Welt zu engagieren.

Die gleiche Verehrung, die der gute Bischof Nikolaus im Abendland wie in den Ostkirchen erfährt, weist darauf hin, daß er auch ein Fürsprecher für die Wiedervereinigung zwischen Rom und den getrennten Kirchen des Ostens war. Diese ökumenische Bedeutung ist heute leider nicht mehr bewußt.

Zum Nikolausfest erhalten die Kinder kleine Geschenke, vor allem Süßigkeiten, die in einen Schuh gesteckt werden, den das Kind abends vor dem Nikolaustag vor die Tür stellt. Nikolausfeiern finden ihren Höhepunkt mit dem Auftreten des Heiligen im schönen Gewand, oft begleitet von einem schwarzen Kerl, dem Knecht Ruprecht, der die Kinder mit der Rute erschreckt.

Das Nikolausfest ist kein Anlaß für geschäftstüchtigen Aufwand. Kaum ein anderes Fest aber, ausgenommen Weihnachten, ist durch die Vermarktung so in Verruf geraten. Weil sein Fest in den Advent fällt, könnte es auf die Bedeutung der Ankunft des Heils in der Welt aufmerksam machen. Nikolaus sollte außerdem als Bischof, als eine geschichtliche Gestalt, dargestellt werden, nicht als eine mythologische Figur oder gar als Spaßmacher ohne Hintergründigkeit. Mit dem Geschäfterummel erschöpft sich dieses Fest jedenfalls nicht.

»Entschuldigen Sie vielmals, Herr Mölle! Aber er ließ sich durch nichts abbringen. Er hielt mich so lange von der Arbeit ab, bis ich keine andere Möglichkeit sah, als ihn zu Ihnen zu bringen. Jetzt erklären Sie *ihm bitte, daß es keinen Zweck hat!« Die Stimme der Verkäuferin zitterte etwas, denn der Geschäftsleiter verabscheute jede unnötige Störung.*

Erst als sie dicht vor dem Schreibtisch stand, legte Herr Frank Mölle den vor ihm liegenden Katalog weg und blickte ihr kühl ins Gesicht. »Von wem sprechen Sie überhaupt, Frau Sauer?« »Von mir!« Eine kleine Hand schob ihm vom Schreibtischrand her eine zerknitterte Zeitung entgegen.

Herr Mölle richtete sich auf dem Drehstuhl hoch auf, senkte den frostigen Blick und erspähte den oberen Teil eines braunhaarigen Jungenkopfes, aus dem ihm ein Paar unerschrockene Augen entgegenfunkelten. Nach einer ungewöhnlich langen Denkpause von fünf Sekunden wandte sich Herr Mölle wieder an die Verkäuferin. »Ist gut, Frau Sauer. Sie können gehen.«

Der Geschäftsleiter verschwendete keine Zeit. Es gab keine langen umständlichen Fragen. Sofort zog er die Zeitung zu sich heran. Mit rotem Malstift war die Anzeige umrandet, die er selbst in Auftrag gegeben hatte: »Nikolaus für die nächste Woche gesucht. 8 Mark pro Stunde. Meldungen an die Geschäftsführung der Glückskette.«

»Und?«

»Ich möchte mich melden. Ich möchte der Nikolaus sein!« Das Gesicht Herrn Mölles blieb unbeteiligt. Nur seine Stirn zog sich etwas in Falten. Er hatte nicht die geringste Lust, das zu wiederholen, was Frau Sauer darauf wohl schon gesagt hatte. »Wir haben schon jemanden gefunden. Du kommst zu spät!« Er griff wieder nach dem Katalog.

»Das stimmt nicht. Ich habe den ganzen Morgen gewartet. Es ist kein Nikolaus herausgekommen. Und die Woche hat schon angefangen!«

Ein Anflug von Verwunderung klang aus Herrn Mölles Stimme. »Den ganzen Morgen vor dem Geschäft? Warum?«

»Ich dachte mir, daß Sie mich nicht nehmen, wenn Sie einen anderen Nikolaus finden. Einen Größeren, meine ich.«

Herr Mölle dachte wieder nach. In kürzester Zeit drängten sich ihm zwei Vermutungen auf. »Du brauchst das Geld!« – »Nein, ich mache es auch umsonst. Und Sie müssen mich auch nicht die ganze Woche nehmen. Ich möchte nur einmal der Nikolaus sein!«

Das bestätigte auf jeden Fall die zweite Vermutung. »Du willst die Sachen! Kommt also gar nicht in Frage.«

Nun war der Junge nicht mehr so selbstbewußt. Er rannte um den Schreibtisch herum und stand zum erstenmal in voller Größe vor Herrn Mölle. Er hatte eine blaue Cordhose an, einen roten Pullover und sah nicht anders aus als alle anderen Jungen zwischen acht und zehn Jahren. »Nein!« rief er. »Das stimmt nicht! Bitte!«

Herr Mölle kannte diesen Tonfall der Leute, die etwas von ihm wollten. Er ließ ihn völlig kalt. Eiskalt. »Und dann haust du doch ab. Oder was kannst du mir schon geben, das genauso viel wert ist, zur Sicherheit sozusagen?«

Es war eigentlich eine Frage, auf die er keine zufriedenstellende Antwort erwartete. Der Sack mit den Geschenken kostete nicht viel. Aber der Mantel und die Stiefel.

Der Junge guckte erst erstaunt und dann packte er aus.

»Hier ist mein Taschenmesser. Mein Fahrradschlüssel. Das Fahrrad steht draußen und hat fünf Gänge. Mein Fahrtenschwimmerzeugnis. Und hier unser Haustürschlüssel. Den können Sie auch solange behalten.«

Herrn Mölles Denkpause schien unendlich lang. Sein Blick traf den Jungen, ging durch ihn hindurch, verlor sich in irgendwelchen Kindheitserinnerungen. Zehn Sekunden, zwanzig, dreißig ... Es war soweit. Aber kein Lächeln, kein Augenzwinkern deutete die überraschende Entscheidung an.

»Es ist jetzt halb drei«, sagte er. »Um halb sechs bist du wieder da. Klar?«

»Klar!«

Umständlich erhob sich Herr Mölle und ging mit dem Jungen aus dem Zimmer.

*

Das Mädchen, das allein an der Fußgängerampel auf »Grün« wartete, wußte nicht, ob es bleiben oder weglaufen wollte, als die gebeugte, seltsame Gestalt auf sie zukam. Der weiße Bart ragte bis auf die Knie, der rote, an den Füßen umgeschlagene Mantel war viel zu weit, und die Kapuze hing so tief in das Gesicht, daß die eine Hand sie dauernd zurückschieben mußte. Die andere Hand hielt einen riesigen Sack fest, der auf dem Rücken lag und fast genauso groß war wie der ganze Nikolaus selbst. Und unter einen Arm geklemmt befand sich ein dicker Packen Reklamezettel.

Während das Mädchen ihn anstarrte, stellte der Nikolaus den Sack an der Ampel ab, griff hinein und holte einen roten Plastikball heraus. Rot war seine Lieblingsfarbe. »Da!« sagte er und drückte ihn dem Mädchen in die Hand. Zögernd nahm sie den Ball und rannte dann schnell über die Straße, als »Grün« war.

Stolz schauten ihr die funkelnden Augen des kleinen Nikolaus hinterher. Sein erstes Geschenk!

Ein paar Häuser weiter öffnete er vor einem Blumengeschäft zum zweiten Mal den Sack. Zwei Mütter standen dort mit ihren Kindern und unterhielten sich. Sorgfältig suchte der Nikolaus aus. Einen blauen Ball für den Jungen mit dem blauen Anorak. Einen gelben Ball für den mit der gelben Mütze. Und einen weißen für das Baby in dem Kinderwagen. Er warf ihn einfach hinein. Die beiden Frauen, denen die Münder vor Überraschung offenstanden, bekamen jede einen Haufen Nüsse. »Da!« Mehr sagte der Nikolaus nicht. Und auch über die Reklamezettel verlor er kein Wort. Denn wo hat man je gehört, daß der Nikolaus Reklame macht? Ohne Gewissensbisse stopfte er sie in den nächsten Papierkorb.

Zwei ältere Herren, die des Weges kamen, sahen ihn seltsam an. Aber obwohl ihm das Herz klopfte, holte der Nikolaus auch für sie zwei Handvoll Nüsse aus dem Sack. Er hatte sich vorgenommen, jedem *etwas zu geben.*

»Jetzt spielen die Kinder auch schon Nikolaus!« rief der eine der Männer und steckte sich die Nüsse in die Tasche. »Schämst du dich denn gar nicht?« fragte der andere und knackte bereits die erste Nuß.

»Keine Zeit«, sagte der Nikolaus und machte sich weiter auf den Weg.

Nüsse, Bälle. Bälle, Nüsse. Der kleine Nikolaus konnte sich freuen, denn der Sack wurde in kurzer Zeit halb leer. Dann aber erreichte er das Fußgängerzentrum. Schnell hatte er eine lange Schlange von kreischenden Kindern auf den Fersen, bald sogar eine größere als die beiden abgekämpft aussehenden, erwachsenen Nikoläuse, denen er begegnete. »Guck mal! Was für ein komischer Nikolaus!« schrien die Kinder.

Und als er erst einmal ein paar Bälle ausgeteilt hatte, bedrängten sie ihn so, daß er sich, eingekeilt, fast nicht mehr bewegen konnte. Schon griffen einige Hände nach dem Sack, versuchten ihn an sich zu reißen. Es waren ältere Kinder darunter, viel stärkere als der Nikolaus selbst. Jetzt gab es nur noch eine Möglichkeit, wenigstens die Sachen heil herauszubekommen. Der Nikolaus zögerte auch nicht lange. Entschlossen schüttete er den ganzen Inhalt des Sackes auf die Straße. Und während sich die Kinder darauf warfen und sich darum balgten, gelang es ihm, auszubrechen.

*

Mit leerem Sack, staubigem Mantel und einem dicken Loch im Bart gelangte er wieder in der »Glückskette« an.

»Na?« frage Herr Mölle erstaunt. »Schon alles losgeworden?«

»Alles losgeworden!« Der kleine Nikolaus, der nun keiner mehr war, strahlte.

Herr Mölle überreichte ihm einen Zwanzigmarkschein.

Als der Junge mit dem Fahrrad verbotenerweise durch die Fußgängerzone fuhr, hielt er an und steckte den Geldschein in den Hut eines Bettlers.

tk

Weihnachten *25. Dezember*

Zwei Christfeste bestimmen den Weihnachtskreis: am 25. Dezember feiern die evangelischen und katholischen Christen die Geburt Christi, am 6. Januar die orthodoxen Christen. Diese beiden Geburtstage haben zur Unterscheidung zwei verschiedene Akzente erhalten: am 25. Dezember sind es die Hirten (Lk 2), am 6. Januar die Weisen aus dem Morgenland (Mt 2), die zur Krippe kommen.

Entgegen dem öffentlichen Bewußtsein, das Weihnachten weitgehend in Verbindung sieht mit Geschenkflut, Konsumismus, Hektik und Hetze und Weihnachtsferien, ist Weihnachten nicht das Hauptfest der Kirche. Diesen Status nimmt das Osterfest ein; der Geburtstag Jesu spielte in der frühen Kirche ursprünglich keine große Rolle – erst in der Auseinandersetzung mit den Religionen der Umwelt wurde es nötig, auf die Geburt Jesu einzugehen. So bekamen die wenigen biblischen Texte im Neuen Testament dazu (Mt 1–2, Lk 2) ein besonderes Gewicht. In den ersten Jahrzehnten der frühen Christenheit wußte man zwar um die Bedeutung der Geburt Jesu, gefeiert aber hat man sie erst um 250 und 300 n. Chr.

Der Termin des Weihnachtsfestes wurde in der Westkirche Roms im 3./4. Jahrhundert auf den 25. Dezember festgesetzt, dem Tag des heidnischen Sonnengottes.

Weihnachtliches Brauchtum:
★ Mistelzweige (Friedenssymbol)
★ Kerzen anzünden
★ Weihnachtskrippe
★ Krippenspiele
★ Christbaum mit Kerzen, Lametta, Glanzkugeln oder Strohsternen, oft mit Tanz um den Weihnachtsbaum verbunden
★ Weihnachtsgeschenke und Bescherung der Kinder am Heiligen Abend (24. Dezember)
★ Festliches Weihnachtsmahl
★ Weihnachtsengel aus Rauschgold und Glanzpapier
★ Weihnachtsgebäck

Der Weihnachtsmann ist in angelsächsischen Ländern (Santa Claus) von Bedeutung, in Deutschland dient er dem Geschäftsrummel.

Kleine Begebenheiten vor Weihnachten

Du hast einen Brief bekommen
beschrieben mit Herzschlägen
und plötzlich spürst du:
ich werde antworten können

Du hast den Weg gefunden
im dunklen Wald der Träume
und plötzlich merkst du:
ich werde in Licht gehen

Du hast ein Geschenk bekommen
so klein und unscheinbar
und plötzlich erfährst du:
ich werde geliebt

Dir ist es gelungen Gott zu loben
mit deiner ängstlichen Stimme
und plötzlich weißt du:
ich werde nicht aufhören, ihn zu rufen

Du hast den Stern gesehen
über dem kleinen Stall
und plötzlich fühlst du:
ich werde nie allein sein

jt

Fragen

Werden wir das Kind finden,
wenn wir vergessen, daß in Argentinien Menschen gefoltert werden
und die Angehörigen um ihre Nächsten zittern,
werden wir das Kind finden,
wenn die Krippe in den Slums steht?

Werden wir Maria und Josef finden,
wenn wir vergessen, daß sie auch in der Sowjetunion wohnen
und sich dort vor unseren Raketen fürchten,
werden wir Maria und Josef finden,
wenn ihre Flucht vor unserer Friedlosigkeit bevorsteht?

Werden wir Ochs und Esel finden,
wenn wir vergessen, daß die Tiere keinen Schutz haben
vor der Bedenkenlosigkeit der Menschen,
werden wir Ochs und Esel finden,
wenn sie an unserem Giftmüll zugrunde gehen?

Werden wir den Stern finden,
wenn wir vergessen, daß immer mehr Kinder verhungern
und die Mütter um ihre toten Töchter weinen,

werden wir den Stern finden,
wenn er wieder über der Wüste aufgeht

und nicht über unseren Tannenbäumen?

jt

Das Himmelsgeschenk

Andreas hatte einen reichen Onkel in Amerika. Der hieß Bill Bull und kam über Weihnachten zu Besuch. Und das war wirklich ein komischer Kerl. Er besaß hundert Häuser, zehn Schiffe, fünf Flugzeuge. Und ich weiß nicht, was sonst noch alles. Er war so reich, daß er prahlte, Andreas könne sich von ihm als Weihnachtsgeschenk wünschen, was er wolle. Er würde jeden Preis bezahlen. »Wünsch dir den Himmel«, sagte Andreas' Großmutter, die Onkel Bill nicht leiden konnte.

»Den Himmel?« rief Bill Bull. »Du meinst wohl, den könnte ich mir nicht leisten? Das wollen wir doch mal sehen. Das ist genau das Richtige für ihn. Komm, Andiboy, wir gehen in die Stadt, den Himmel kaufen.«

Also gingen sie in die Stadt.

»Den Himmel bitte für meinen Neffen!« sagte Onkel Bill zu einer Verkäuferin.

»Den Himmel? Für Ihren Neffen?« fragte die Verkäuferin erstaunt. »Keine Ahnung, was Sie wollen. Vielleicht versuchen Sie es mal in der Spielwarenabteilung.«

»Den Himmel, bitte. Für meinen Neffen!« sagte Onkel Bill zum Spielzeugverkäufer.

»Den Himmel? Soll das ein Spiel sein?« fragte der Spielzeugverkäufer verdutzt. »Das Spiel kenne ich nicht. Aber wie wäre es mit Plastikengeln, einer Weihnachtskrippe im Sonderangebot, oder ...«

»Nein, nein!« unterbrach Onkel Bill. »Den Himmel! Egal, was er kostet.«

»Hm«, überlegte der Verkäufer. »Sie sind Ausländer, nicht

wahr? Das merkt man. Sicher haben Sie sich in der Adresse geirrt. Versuchen Sie es doch mal in der Kirche. Gleich nebenan.«

»Den Himmel, bitte. Für meinen Neffen Andiboy«, sagte Onkel Bill zum Pfarrer in der Kirche. »Ich zahle jeden Preis.« Er wedelte mit seiner dicken Geldtasche.

»Den Himmel kann man nicht kaufen! Man muß ihn sich verdienen«, sagte der geistliche Herr würdevoll und schritt davon.

»Ich verdiene genug, um alles bezahlen zu können«, rief ihm Onkel Bill nach. Aber der Pfarrer war schon verschwunden.

»Und was machen wir jetzt?« fragte Onkel Bill ratlos.

»Suchen Sie etwas?« Ein kleines Kind stand plötzlich vor ihnen.

»Ja«, sagte Onkel Bill überrascht. »Ich möchte den Himmel kaufen. Als Weihnachtsgeschenk für meinen Neffen.«

»Da ist er – hier sehen Sie ein kleines Stückchen«, sagte das Kind, streckte ihm die rechte Hand entgegen und öffnete sie langsam.

Tatsächlich! Kein Zweifel! Die erstaunten Augen von Onkel Bill und Andreas erblickten etwas, das funkelte und blitzte und wunderschön war.

Onkel Bill war ganz sprachlos, und das war das erste Mal in seinem Leben, daß er keine Worte fand. »Den nehme ich! Den nehme ich!« rief er schließlich aufgeregt. »Aber es ist ja nur ein Stückchen, wie du sagst. Ich muß mehr haben. Ich will den ganzen Himmel! Wo finde ich ihn?«

»In den Herzen der Menschen«, sagte das Kind geheimnisvoll. »Dort mußt du suchen.«

Damit war es verschwunden.

Onkel Bill sah sehr verwundert auf Andreas und runzelte die Stirn. »Hast du verstanden, was es meinte?« fragte er.

Andreas lächelte. »Ich glaube schon«, sagte er lächelnd zu Onkel Bill, der sehr enttäuscht dreinschaute. »Frohe Weihnachten.« *tk*

(K)eine Weihnachtsgeschichte

Ein kleiner Junge reibt sich den Schlaf aus den Augen. »Los, los, es ist höchste Zeit!« ruft ihm seine Mutter zu. »Ja, ich komme.« Der Junge erhebt sich. Seine jüngeren Geschwister schlafen weiter.

Das magere Frühstück hat er schnell verschlungen. Wie jeden Morgen geht er, lange bevor die Sonne die ersten Strahlen ausschickt, zur Baustelle. Es ist schwül und der Weg weit. Endlich ist er da. Noch ganz benommen, ergreift er den ersten Packen Lehmziegel und setzt ihn sich auf den Nacken. Ein Lederriemen vor der Stirn, der mit den zusammengebundenen Lehmziegeln verbunden ist, dient als Stütze. Er geht los.

Die erste Last, die zweite ... Es hat keinen Zweck zu zählen. Die Sonne brennt jetzt heiß, und am Körper des Jungen läuft der Schweiß. Aber immer wieder lädt er die Lasten, die schwer drücken, ab und eilt schnell zurück, um keine Zeit zu verlieren.

Endlich! Die kurze Mittagspause. Müde und hungrig wirft sich der kleine Junge in den Schatten und ruht sich aus.

Um den halben Erdball herum liegt Deutschland. Es ist kalt und Heiligabend. Die ersten Kerzen an reichgeschmückten Tannenbäumen werden entzündet.

tk

Silvester — *31. Dezember*

Der heilige Silvester war in der Zeit nach den Christenverfolgungen Bekenner und Papst und führte die Kirche unter dem ersten christlichen Kaiser Konstantin in eine Periode des Friedens. So ist er der rechte Heilige zum Anbruch des neuen Jahres – seine Wachsamkeit kann als Beispiel dienen.

Silvester – der letzte Tag des Kalenderjahres – bietet Anlaß zu Jahresrückblick und Ausblick auf das neue Jahr. Mit Bleigießen versucht man am Abend die Zukunft zu deuten. Das Essen am Silvesterabend vereint Familie und Freunde, manchmal wird eine Feuerzangenbowle angesetzt. Vielerorts werden Silvesterwünsche ausgetauscht und Grußkarten verschickt. Mit großem Feuerwerk begeht man den Jahreswechsel – und der Traum in der Neujahrsnacht geht selbstverständlich in Erfüllung!

Gebet eines Vaters für seine Tochter

Was ich dir wünsche

Ich wünsche dir nicht den Himmel auf Erden –
aber einen Freund, der dich ganz versteht.

Ich wünsche dir nicht die große Karriere –
nur den guten Weg, den du gehen kannst.

Ich wünsche dir nicht, daß du hart wirst und kalt –
doch die Kraft zum Protest, wenn Unrecht geschieht.

Ich wünsche dir nicht allen Reichtum der Welt –
doch ganz viel von dem, was man Hoffnung nennt.

Ich wünsche dir nicht Erfolg, der dich stolz macht –
aber die Liebe, die dich verwandeln kann.

jt

Silvester

Der letzte Tag des Jahres
was war es für ein Jahr

weißt du noch was alles
an Angst und Freude war

Der letzte Tag des Jahres
hast du es schon vergessen
die Menschen in dem Sahelland
sie hatten nichts zu essen

Der letzte Tag des Jahres
ist nur ein kleiner Schritt
er nimmt dich hoffend, glaubend
in neue Zukunft mit

Der letzte Tag des Jahres
erstrahlt im Feuerlicht
bei allem was du tust in Freude
vergiß die Menschen nicht

jt

Vater unser für Kinder

Wenn ich von meinem Vertrauen
sprechen will,
dann sage ich: *Vater unser im Himmel,*
geheiligt werde dein Name.

Wenn ich erlebe,
wie friedlos die Menschen sind,
dann hoffe ich: *Dein Reich komme.*

Wenn ich manchmal mit dem
Kopf durch die Wand will,
dann spreche ich: *Dein Wille geschehe, wie*
im Himmel, so auf Erden.

Wenn ich merke, daß das,
was ich zum Leben habe,
nicht selbstverständlich ist,
dann bitte ich:

Unser tägliches Brot
gib uns heute.

Wenn ich andere spüren lasse:
das geht mich nichts an,
dann bete ich:

Und vergib uns unsere Schuld,
wie auch wir vergeben unseren
Schuldigern.

Wenn ich es mir zu leicht
machen will und nur noch
mich selbst sehe,
dann denke ich:

Und führe uns nicht in Versu-
chung, sondern erlöse uns von
dem Bösen.

Wenn ich manchmal richtig
froh bin und fest hoffe,
daß alles gut wird,
dann glaube ich:

Denn dein ist das Reich und
die Kraft und die Herrlichkeit.
Amen.

jt

Dritter Teil

Mit Kindern durch das Kirchenjahr

Überlegungen zu einem Kapitel Praktische Religionspädagogik

Johannes Thiele

Zur aktiven Wiedergabe des christlichen Glaubens gibt es wohl eine aus allem anderen herausragende Möglichkeit: das Feiern der kirchlichen Feste. Auch hier gilt der fundamentale Satz, daß man Christsein nicht aus Büchern und dem gelehrten Vortrag lernt, sondern fast ausschließlich durch die Erfahrungen im unmittelbaren (kindlichen) Lebensraum. Wenn das Kind uns beim Vorbereiten des Festes beobachtet, wenn es mit uns backt, im Wald Blumen und Zweige sammelt, wenn wir Musikstücke einüben und Lieder aussuchen, die zum Fest passen und die wir gemeinsam singen können, wenn wir den Nachbarn kleine Geschenke bringen oder Einladungen aussprechen, so beantworten wir damit im Keim auch die Frage nach dem Wesen Gottes, der Liebe, Freiheit und Hingabe ist. Jeder Sonntag gibt dazu Gelegenheit und jedes Fest im Jahreskreis. Wo sich Beziehung ereignet, kann Religion allemal gegenwärtig sein.

In das religiöse Leben hineinwachsen

Das Kirchenjahr mit seinem reichen Kalendarium an Festzeiten und Zäsuren im Alltag scheint mir auch deshalb so wichtig und für die praktische Religionspädagogik von so großer Bedeutung zu sein, weil es im Grunde eine Fülle von unverplanten Lernprozessen offenhält, die in Familie, Gemeinde und Schule oft ungenützt bleiben. Dabei könnte ein neugewonnenes und vertieftes Verständnis von Alltagszeit und Festzeit dazu beitragen, das »Lernen der Religion« ohne eine aufgesetzte Erziehung im unmittelbaren Lebensraum von Kindern sinnenhafter und signifikanter zu gestalten.

Die meisten und die wichtigsten Lebenserfahrungen macht ein Kind ohnehin nicht durch beabsichtigte Erziehung der Eltern oder durch teuer organisiertes und professionell gesteuertes Schullernen. Die relevantesten Erfahrungen macht ein Kind im unmittelbaren, nicht geplanten und nicht terminierten Umgang mit Menschen, Dingen, Bedeutungen. Diesen unmittelbaren Lebensraum des Kindes nenne ich Konvivialität. In ihm öffnet sich zuallererst das signifikante, bedeutungsvolle Lernen in der Erfahrung von Wirklichkeit, die das eigene Leben verändert. Erwachsenwerden kann daher in diesem Sinne nicht sein, »erzogen« zu werden, sondern in das Leben hineinzuwachsen (Ivan Illich), mit allen Chancen und Risiken, die in diesem »Hineinwachsen« liegen. Die Befähigung, sein eigenes Leben bestehen zu können, wächst dem Kind zu, sie kann im Grunde nicht an-erzogen werden. Sie gelingt in dem Maße, wie das konviviale Spiel, Gespräch, Gebet, Miteinanderumgehen gelingt. Religiöse Erziehung kann und soll also heißen, Kinder mitzunehmen in die eigene Erfahrung, sie in das konviviale religiöse Leben hineinwachsen zu lassen. Dabei geht es auch um die »Selbsterziehung« der Erzieher. Je tiefer und weiter die religiöse Erfahrung der Eltern, Lehrer und Erzieher geht, um so überzeugender und lebendiger können Kinder, die diese Erfahrung miterleben und an ihr teilhaben, eigene Schritte in das religiöse Leben tun. Das fordert von den Erziehern, daß sie sich bescheiden und eine gewisse Demut auferlegen – und die Einsicht gewinnen, daß jeder kleine Mensch seine eigenen inneren Wachstumsgesetze hat und von außen her nicht so ohne weiteres manipulierbar ist. Das Kind soll ja eine unverwechselbare Person mit einer unaustauschbaren Identität werden, ein Mensch mit Eigenschaften.

Die Gestalt des Kirchenjahres

Nicht das Wissen möglichst vieler Einzelheiten des religiösen und liturgischen Lebens kann das Ziel einer Einübung in den Mitvollzug des Kirchenjahres sein; daraus resultiert bestenfalls bloß eine bestimmte Gescheitheit, nicht aber ohne weiteres ein inneres Beteiligtsein. Es geht vielmehr darum, daß die Kinder Lebens- und Erfahrungswissen gewinnen, indem sie eine Vorstellung von der »Gestalt« des Kirchenjahres gewinnen, das heißt, daß ihr Wissen über Erfahrung kommt und nicht über eine an sie herangetragene und sie überstülpende »religiöse Manipulation«. Über die Jahre hinweg sollte sich in ihrem Gedächtnis der Eindruck von der Gestalt Jesu einprägen, wie sie im Gang des kirchlichen Festkreises immer neue Vergegenwärtigung findet und deren Erinnerung so groß sein kann, daß man das Leben und Sterben Jesu wieder und wieder feiert. Kirche, Sakramente und Festzeiten bleiben nur dann im kindlichen Bewußtsein lebendig, wenn in ihm eine Beziehung zu gelebter und mit Sinn versehener Religion gestiftet und wachgehalten wird.

Auch aus diesem Grund erscheint das Kirchenjahr selbst als eine katechetische »Gestalt«, weil in ihm Reichtum in begreifbarer Einfachheit wohnt, die Einladung zum Mittun immer wieder ausgesprochen wird, weil natürlicher Jahresverlauf und spirituelle Feste, Heilsgeschichte und Festfreude stets aufeinander bezogen sind. Die Offenbarung Gottes in der Geschichte Jesu bleibt Jahr für Jahr im christlichen Leben gegenwärtig und in die Erfahrung eingebettet.

Diese *Gestalt,* die mehr ist als die Summe ihrer einzelnen und vielleicht auch beliebig vereinzelten Teilchen, ist das Kirchenjahr auch durch das Ansprechen aller Sinne und

Kräfte des Menschen. Der ganze Christ mit allen seinen Fähigkeiten und Möglichkeiten, mit seinem Denken und Fühlen soll angesprochen werden. Mit Kindern durch das Kirchenjahr zu gehen kann also auch so etwas wie ganzheitliche Erziehung sein. Für Kinder sind Feste nicht nur Höhepunkte im Alltag eines Jahres, auf die man sich freuen und auf die man sich vorbereiten kann, sie sind selbst auch sinnliche Kristallisationspunkte kindlichen Erlebens: die Kinder können sich handwerklich betätigen, basteln, schmücken, Gedichte und Lieder auswendig lernen und das Fest so mit einer sich steigernden Freude überblicken.

Die zentralen Inhalte des christlichen Glaubens vermitteln sich dem Kind vor allem über konkrete Alltagssituationen. In ihnen erfährt es Vergebung und Versöhnung, Hingabe und Freude, Hoffnung und Liebe. Auch wo im Fest der Alltag überstiegen wird und eine ganz und gar un-alltägliche Freude aufbricht, bleibt doch der Bezug zu ihm gewahrt. Feste dürfen nicht zu Fluchtpunkten aus dem Alltag werden, sie müssen vielmehr immer wieder in ihn ausstrahlen und ihn so verwandeln. Ein Fest, das nicht auch Hoffnung für den Alltag gibt, ist kein christliches Fest.

Die Erschließung des Festes mit dem Kind

Die Erschließung der »religiösen Erfahrung« dieser Festzeiten kann nachhaltiger werden, wenn die auch im konkreten Alltag entfaltete, kindliche und schöpferisch-kreatürliche Phantasie in das Fest einschwingt, ausdrücklich ins Spiel gebracht und in den Festverlauf einbezogen wird. In diesem Sinne kann und soll das Fest für das Kind auch zum »Ernstfall« des Lebens werden: es hängt ja etwas davon ab, ob es dabei ist; es macht einen Unterschied, ob es innerlich beteiligt ist oder ob das Fest auch ohne seine Freude »abläuft«.

Mir scheint besonders bedeutsam zu sein, daß Kinder im

Gestalten kirchlicher Feste ihre Wünsche, Vorstellungen und Einfälle auch unkontrolliert von Erziehungsinstanzen zum Ausdruck bringen können. Eine »Beaufsichtigung« der kindlichen Festvorbereitung kann lähmend und alle guten Ideen erstickend sein. Mit Kindern durch das Kirchenjahr zu gehen darf deshalb nicht »Führung« bedeuten und »Anleitung« nur in geringem Maße. Das Stichwort heißt »Begleitung«.

Jedes Fest hat ein Grundthema, dessen Aussage und Bedeutung dem Kind vertraut gemacht werden sollte. Meistens gipfelt dieses Grundthema in der sinnlichen Vergegenwärtigung *einer* symbolischen Handlung (z. B. das Anzünden der großen Osterkerze in der Osternacht), in einer »spielerisch« ausagierten Grunderfahrung. Eine existentiell nachvollziehbare Erschließung des kirchlichen Festes *mit* dem Kind wird an der elementaren Vergewisserung seines symbolisch-sinnlichen Inhalts nicht vorbeigehen können. Von der Fülle der Bilder zum Exemplarischen und Fundamentalen zu kommen kann daher ein wichtiger, ja unverzichtbarer Schritt sein.

Die verlorene Sinnlichkeit

Wir haben uns daran gewöhnt, die Pracht und die Sinnlichkeit, in der sich vor allem die katholische Kirche über Jahrhunderte hinweg dargestellt hat, abzuwehren. Viele Kirchen in Bayern strahlen noch heute viel von einer barocken, lebensfrohen ausladenden Festlichkeit aus, die so gar nicht mehr in Einklang bringen zu sein scheint mit unserem nüchternen Zeitalter, in welchem wir den Zauber durch eine allgegenwärtige Rationalität verdrängt haben. Die Kirche war seit jeher – gegen die Beanspruchungen der durchorganisierten Welt – auch eine Heimat für die schöpferische Feier des Lebens. Sie hat die großen Verheißungen in sinnfälligen Zeichen und Bildern immer wieder versprachlicht und gefeiert. Sie hat an Erinnerungen des Heils festgehalten, wo der technisch-wissenschaftliche Fortschritt gnaden- und mitleidlos über sie hinwegstürmte. Sicherlich hat es auch viel Anpassung gegeben, aber Gedächtnis und Tradition blieben ihre innerlich unverrückbaren Eckpfeiler, wie zeitbewußt das Äußere der Kirche auch gestaltet werden mochte.

Es gibt ein konfessionelles Lebenskolorit, das der religiösen Herkunft jedes Menschen einen unverwechselbaren Stempel aufdrückt, von vielen aber mit den Jahren des Erwachsenwerdens abgestreift wird wie eine lästig gewordene und als unpassend empfundene zweite Haut. Inwieweit das tatsächlich gelingt, ist von Fall zu Fall sicherlich verschieden.

Wo dieses konfessionelle Lebenskolorit mit der Zeit verdunkelt oder verblaßt, verschwindet aber nicht nur nach und nach die vielleicht fragwürdige Überladenheit in der Selbstdarstellung der Kirche, sondern auch die Präsenz von Sinnlichkeit und Emotionalität des religiösen Ausdrucks überhaupt. Die Liturgiereformen dieses Jahrhunderts sind trotz vieler begrüßenswerter Erneuerungen des liturgischen Geschehens (z. B. Konzentration auf das Wesentliche, gestraffte Abläufe etc.) ein beredtes Beispiel dafür, wie durch die Zerstörung der Sinnlichkeit und des symbolischen Ausdrucks der Religion auch die Kühle, die Wortüberladenheit, die Distanz und die affektive Verarmung in Gottesdienst und Fest zunehmen. Die Religion als ein Wechselspiel von gegenständlichen Symbolen und sinnlichen Interaktionsformen zu begreifen, dafür fehlt vielen Menschen heute das Verständnis, aber auch die Einfühlung. Die »Lust an Gott und seiner Sache«[1] wird immer dürftiger und blutleerer. Sind wir auf dem Weg, eine »Kirche der Buchhalter« zu werden, ein steinernes Gemäuer, in welchem Rechenmaschinen die Nachfolge verwalten? Oder kann die Kirche (wieder) zu einem Ort wachsender Freiheit und eschatologischer Hoffnung werden, der zu sinnlichen Erfahrungen einlädt?

Ein sinnlich erfahrbares, religiöses Leben bringt erzählerisch das Heilsgeschehen, die Erinnerung an Verheißung und Erlösung zur Sprache, welches sich an das Kirchenjahr knüpft. In diesem Kalendarium, diesem Rhythmus von Alltag und Fest, findet der christliche Glaube den Ausdruck seiner Mitte und Tiefe: Die »Heilsgeschichte« ist das Szenarium der verschiedenen Versuche, das Leben zu feiern als Gottes Geschichte mit den Menschen und als Geschichte der Menschen mit ihrem Gott. In dieser Jahr für Jahr lebendigen Vergegenwärtigung kommt die Farbe, die Stimme und die Atmosphäre der christlichen Religion zum Vorschein. Sie dient der Vergewisserung der *Gestalt* des Christentums in unserem Geschichtsraum, seines religiösen Profils, seiner inneren Ordnung. Nicht ohne Grund (und nicht ohne Hintergründigkeit) ergibt sich durch die Abfolge der beiden zentralen Festfolgen des Kirchenjahres, der Weihnachts- und der Osterzeit, ein Kreis, der wie eine Uhr abgelesen werden kann. Wer dieser Uhr folgt, geht gleichsam in den Spuren Gottes. Er findet immer wieder von neuem seinen Bezug zur Gottesgeschichte.

Gottes Spuren lesen

Gottes Spuren in dieser Geschichte – das sind vor allem die vielfältigen Symbole. Im Symbol drückt sich Unanschauliches (z. B. Liebe) sichtbar aus (z. B. im Ring). Es repräsentiert in der Verknüpfung von Sinnbild und Bildsinn eine vielschichtige und bedeutungsreiche Wirklichkeit:

☐ Zum Symbol kann grundsätzlich alles werden, was über sich selbst, über sein eigentliches Wesen hinausweist.

☐ Symbole dienen der menschlichen Kommunikation. Sie sind spezielle Erscheinungs- und Ausdrucksformen (Repräsentanten), die etwas zu verdeutlichen suchen, was mit rein rationaler Begrifflichkeit nicht zu erfassen ist.

□ Symbole können Ganzheit schaffen, die wesensmäßig in den Erfahrungen von Menschen einmal bestand oder besteht.
□ Für die Theologie ist das Symbol bedeutsam, weil sich in ihm subjektives und kollektives religiöses Erleben spiegelt, eine Erfahrung von Transzendenz, die über das Symbol oft erst mitteilbar wird.

Auch in bezug auf das Kirchenjahr wird das Verständnis von Symbolen wichtig, weil die einzelnen Feste gleichsam in einer symbolischen Aussage ihre Zuspitzung erfahren, zum Beispiel Ostern im Symbol des Lichts (Osterfeuer, Osterkerze etc.). Die Aufdeckung solcher Symbole ist ein geeigneter Ansatzpunkt, um zur elementaren und fundamentalen Bedeutung eines Festes und damit zum sinngebenden Grund des Lebens vorzustoßen. Kinder brauchen vielfach diese Sprachformen religiöser Erfahrung, um den Sinn von kirchlichen Festen begreifen und innerlich nachvollziehen zu können. Das gleiche gilt auch für die Transparenz liturgisch-sakramentaler Handlungen. Exemplarisch finden sich »Orte« mit symbolischer Relevanz in:

★ *Sprache* (Gebet, Bekenntnis, Mythos, Gleichnis, Poesie usw.)
★ *Brauchtum* (Prozession, Wallfahrt, Kreuzweg usw.)
★ *Liturgie* (Gebärde, Weihe, Segen, Lied usw.)
★ *Symbolzeichen* (Kerze, Licht, Wasser, Kreuz, Brot, Wein usw.)
★ *künstlerischen Ausdrucksformen* (Bilder, Plastiken, Architektur, Musik usw.).

Die Symbolik der alten Kirchenarchitektur kannte zum Beispiel noch die Orientierung auf das Heilsgeheimnis hin. Himmel und Erde waren miteinander verbunden, die Symbole des im Mittelpunkt stehenden Altares, des Paradieses, des Kirchenschiffs, des Kreuzes, der Kuppel, des Lichtes waren Hinweise auf diese Ordnung, in welcher nicht der Mensch im Mittelpunkt stand, sondern der kosmologische Zyklus mit Gott als dem Schöpfer.

Vieles von dieser Symbolsprache ist verlorengegangen oder nicht mehr verständlich. Auch der Jahreskreislauf gibt nicht mehr das Gefühl von Geborgenheit in der Geschichte, vom Bewußtsein, in die Zeit eingebunden zu sein vom Geborenwerden bis zum Sterbenmüssen. Er ist weitgehend nicht mehr das Metrum, an dem sich unsere Zeitvorstellungen messen. Das Symbol des Kreises jedoch als des umgreifenden Lebenszyklus spiegelt den Ring des Lebens wider, aus dem wir nicht beliebig und schuldlos austreten dürfen.

In einer Zeit, in welcher das rationale Denken und Handeln den Menschen bestimmen, fällt es immer schwerer, den Zugang zu einer Wirklichkeit zu eröffnen, die der Mensch nicht im Griff hat und die sich der direkten empirischen Erkenntnis entzieht. Gleichwohl *kann* durch das Symbol als Form der religiösen Mitteilung die Wirklichkeit so wahr-genommen werden, daß auch Kinder existentiell davon getroffen sind. Die praktische Religionspädagogik müßte ein noch stärkeres Interesse an Symbolsprache gewinnen, weil sie die Möglichkeit bietet, Wirklichkeit zu erschließen und Erfahrungen mitzuteilen.

Hubertus Halbfas sieht das Symbol als »die spezifische Ausdrucksgestalt religiöser Erfahrung und Kommunikation, ohne deren Verständnis die Religionen in ihrer eigentlichen Mitte nicht erschlossen werden können. Außerdem verliert die Wirklichkeit ihre Hintergründigkeit, wenn eine Bildung des Symbolverständnisses unterbleibt: die Fähigkeit zum Sinnerleben und Sinnverstehen schrumpft, (. . .) die menschlichen Erfahrungsfähigkeiten verkümmern und erfassen nur noch ein Spektrum banaler Alltäglichkeit.«[2]

In einem ähnlichen Zusammenhang stellt auch Otto Betz die Frage, wie »ohne mythische Sprache, ohne Verwendung einer mehrdimensionalen Symbolsprache (. . .) Erfahrungen überhaupt noch mitgeteilt werden (sollen)? Eine von Mythen gereinigte Welt wird langweilig, weil oberflächlich und dürr. Erst da, wo sich eine mythische Bildsprache anbietet, kann ein existenzdeutendes Erzählen heraufkommen, können sinnstiftende Geschichten erzählt werden.«[3]

Ein Verständnis für Symbole und damit auch eine Sensibilität für religiöse Sprache kann jedoch nur dort wachsen, wo Symbole geschützt und mit Sinn versehen werden, nicht wo sie lächerlich gemacht und banalisiert werden. Ein spöttischer Blick und ein herablassendes Lächeln, eine arrogante Geste und eine kühl verächtliche Bemerkung können viel zerstören von der Freude am symbolischen Ausdruck religiösen Lebens. Die symbolische Sprache braucht einen geschützten Raum, der Nähe und Vertrautheit stiftet, Gewißheit ausstrahlt – einen Raum, in welchem sinnliche Handlungen möglich und mitteilbar sind. Nur wo die Bedeutung religiös-symbolischen Ausdrucks immer wieder neu erfahrbar wird, kann in Kindern ein sinnenhaftes Verstehen religiöser Lebensformen wachsen. Das Segnen mit geweihtem Wasser, die Umarmung, die dargebotene Hand zur Versöhnung, das Knien, das Kreuzzeichen über dem frischen Brot, das Anzünden einer Kerze – das alles sind zwar im üblichen Verständnis recht nutz-lose Gesten, aber sie sind sinnlich und symbolisch zugleich. Sie sind in der religiösen Dimension des Alltags aufbewahrt und können mit Kindern eingeübt werden. Alle diese Gesten sind aber auch leicht zerstörbar, weil sie im christlichen Horizont ohne eine tiefe, innere und gefühlsmäßige Beteiligung, ohne Religion, ohne ein Bewußtsein dessen, »was uns unbedingt angeht«, nicht denkbar sind.

Die Feste im kirchlichen Jahreskreis halten eine Fülle von Symbolen und sinnlichen Handlungen bereit – vieles ist zwar bei der Durchrationalisierung der Liturgie und des Festkalenders in die Vergessenheit abgedrängt worden, anderes wirkt heute unverständlich, weil sich in ihm kein Sinn mehr öffnet. Aber es ist wert, von uns wiederentdeckt und -belebt zu werden.

Alltag und Fest

Alltag – das ist der Lauf der Dinge, die gewöhnlichen Vorkommnisse, die vertraute Umgebung, die durchgängige und unentrinnbare Erfahrung. Die Alltagserfahrung stellt gesellschaftliches Bewußtsein dar, ein Gefüge sozialer Handlungen, das sich auch politisch auswirkt. Sie erlaubt, uns routinemäßig in unserem Denken und Handeln zu orientieren und uns in bleibend bekannten Abläufen wiederzufinden. Diese uns bestimmende Welt ist vor allem durch die Beanspruchung durch Arbeit und Reproduktion gekennzeichnet.

Die wenigen Anmerkungen an dieser Stelle wollen und können keine Theorie der Alltagserfahrung[4] entwerfen. Wichtiger ist mir im Augenblick und in diesem Zusammenhang eine Aufmerksamkeit für die *Wirkungen* des Alltags. In den Alltagserfahrungen wird nämlich auch eine gewisse Zwangsläufigkeit sichtbar, eine Schablonenhaftigkeit, die für viele Menschen in den hochindustrialisierten westlichen Gesellschaften zur Entpersönlichung führt. Beispiele hierfür sind die Fließbandarbeit oder die durchgängige Bürokratisierung – Hinweise für die zu einer zugesperrten Welt gerinnende Eindimensionalität dieses Systems. In christlicher Sicht lassen sich aber in der Alltagserfahrung auch Spuren des ganz Anderen wiederfinden, Ansätze für die Transzendierung der eigentümlichen »Totalität« der Alltagserfahrung. Neben die Gefühle der Langeweile, der Leere, der erfahrbaren Absurdität, die im alltäglichen Dasein selbst aufbrechen, können Gefühle der »inneren Ordnung«, der Identität, des Spiels, der Kommunikation, der sich in vielen Vorgängen äußernden Hoffnung, des Humors als Zeichen des Transzendierens in der Alltäglichkeit treten.

Es wäre zu vereinfachend, wollte man der Alltagserfahrung nun die Erfahrung der Festfreude und des Hinausgehobenseins aus dem Alltag schlicht gegenüberstellen und womöglich gegeneinander ausspielen. Besonders im Hinblick auf den kirchlichen Jahreskreis steht beides in Verschränkung und Bezug, ablesbar beispielsweise am Sonntag, der ja in den Alltag hinausstrahlen soll. Die Erfahrung von Zeit bricht allerdings das zunächst gegebene und durchlebte Alltagsbewußtsein auf und erfährt ihre Verdichtung in den bewußten Zäsuren dieser Zeit: im *Fest.* Der »dies festus«, der feste und von den Beanspruchungen des Alltags befreite Tag, meint ursprünglich nichts anderes als die Zeit, die den bloßen Ablauf und das Zerrinnen der Zeit unterbricht. Sosehr der Mensch in sein alltägliches Handeln verstrickt und darin bestimmten Zwängen unterworfen ist, die *Bedeutung* seiner Zeit geht ihm auf, *weil* der Festtag den Alltag in das Licht eines unbedingten Sinns hinein aufbricht, der im Fest symbolisch verdichtet und sichtbar verkündet wird. Die einfach dahinfließende oder quälende Zeit wäre tatsächlich sinnlos ohne die im Fest zum Ausdruck kommende tiefste Verwirklichung von »Frömmigkeit«, von Erinnerung an die verheißene Zukunft, von Authentizität und Vorwegnahme gefeierten Heils.

Es hat gerade auch in der (politischen) Theologie viele anregende Versuche gegeben, eine »Theologie des Festes« zu entwerfen; auf sie kann hier nur mit diesem Seitenblick hingewiesen werden[5]. Von religionspädagogischem Interesse ist, daß sich im Fest die Zustimmung zur Welt spiegelt und daß es mit Berührung und Hingabe zu tun hat. Viele Menschen meinen, nichts sei einfacher, als sich loszulassen und sich hinzugeben – und doch fällt es ihnen schwer, ihrer Berührungs- und Hingabefähigkeit Ausdruck zu geben, sich im Spiel und in der Zärtlichkeit eines Festes zu verlieren. In Kindern ist dieses Einverständnis, diese Übereinstimmung mit der gesteigerten und glückhaften Verbundenheit, mit der Ganzheit des Lebens vielfach noch ursprünglich vorhanden. Aber auch in ihnen wächst heute die Erinnerungslosigkeit an gelungene Feste. Jedes Fest ist bedroht zudem von der Gegenwärtigkeit unserer tiefverwurzelten, rationalen Vorbehalte. Dieter Trautwein schreibt: »Es sitzt der Feind des

Festes tief in uns selbst. In uns ist das Einfallstor der störenden Einfälle. Der Feind ist schlau getarnt. Er kommt uns mit den Berechnungen erwachsener Vernunft: Ob sich das auch lohnt? Ob das nicht doch eine Selbsttäuschung ist? Ob ein Fest je etwas geändert hat an den Verhältnissen und bei mir selbst? Und schließlich: Woher denn ein Mensch oder eine Gruppe von Menschen, ja eine Menge oder Masse von Menschen das Recht nimmt, auch nur vorübergehend das Elend vieler und eigenes Elend zu vergessen? Altkluge Vernunft wird außerdem fragen, ob der Mensch überhaupt etwas zu lachen, geschweige denn zu feiern hat. Eine Welt voller Schuld und Tod erlaubt kein Fest!«[6]

Ich denke, jedes gute und jedes christliche Fest trägt Glück und Protest, Zustimmung und Widerspruch in sich. Die kirchlichen Feste spiegeln diese Dialektik des Festes gleichfalls wider – sie sind nicht ohne Erinnerung und Gedächtnis *und* sie geben im kleinen der Praxis des Himmels in Versöhnung und Annahme Ausdruck. In ihnen bleiben die »Steigerung des Lebens in jeder Richtung«[7] und die Widerstandsfähigkeit gegen die gebrochene Welt beisammen. Die Aufeinanderfolge von Karfreitag und Ostern ist dafür ein Beispiel von vielen: Der Verwerfung des Menschensohnes durch das Kreuz folgt die eschatologische Hoffnung, die der Auferstandene repräsentiert. Immer aber sind in diesen Festen die »Erfahrungen mit anderen Möglichkeiten« (Hartmut von Hentig) mit im Spiel. Und an beiden mangelt es der gegenwärtigen Religionspädagogik: das Glück wahrzunehmen und die Revolte zu wagen.

Wiederholung und Ritualisierung

Die kirchlichen Feste leben zu einem guten Teil davon, daß sie sich Jahr für Jahr wiederholen. In dieser Wiederholung liegt die Gewißheit, daß Feste und Festformen über Jahrhunderte hinweg tradiert werden können. Viele Feste sind »heidnischen« Ursprungs und wurden »christianisiert«, das heißt mit einer christlichen Deutung versehen. Die Kirche als Tradentin hat damit einerseits ganze Kulturen ausgelöscht, andererseits aber auch die Garantie geboten für das Weiterleben archaisch-ursprünglicher Einteilung der Naturvorgänge, auch wenn sie den vorchristlichen Festformen damit oft Gewalt angetan hat. Sie war die regulative Kraft, die Festen immer wieder neue Kraft und neues Leben gegeben hat. Bis in die Aufklärungszeit hinein gab es nicht einmal voneinander getrennte Feste sakralen und profanen Gepräges, jedes Fest hatte einen deutlichen Bezug zur Religion des Christentums. Erst das aufstrebende und entkonfessionalisierte Bürgertum und die Ausformung nationalen und kirchenneutralen Staatsbewußtseins haben dazu beigetragen, staatliche Feiertage unabhängig vom kirchlichen Festkalender einzuführen.

Traditionen bilden sich nicht zuletzt über Wiederholung. Jede Generation ist von neuem an der Weiterführung von Traditionen beteiligt: wo diese unterbleiben, geraten Festformen und -inhalte, Bräuche rasch in Vergessenheit. Ein weiteres Mittel, Feste und Feiern über längste Zeiträume hinweg lebendig zu halten, ist die Ritualisierung. Man könnte annehmen, daß die kreatürlichen Ausdrucksformen eines Festes verkümmern und absterben, sobald sie zu starren Ritualen und immer wiederkehrenden Abläufen zusammengeschmolzen werden. Darin liegt tatsächlich eine Gefahr – andererseits aber trägt gerade die Ritualisierung dazu bei, den Charakter und den Sinn eines Festes auch den kommenden Generationen weiterzugeben. Feste brauchen trotz aller Spontaneität und ursprünglicher Freude, trotz sich wandelnder Entwicklungen und Nuancierungen, trotz sich immer wieder ändernder Bräuche und Gepflogenheiten doch den bleibenden Grund, das Ritual und die symbolischen, immer wiederkehrenden Grundmuster des Handelns.

Ohne diese Grundstruktur könnte keine Vertrautheit in die »innere Ordnung« von Festen wachsen, wäre keine

Erinnerung möglich, gerieten Feste nur beliebig und zufällig.

Auch für die praktische Religionspädagogik ist wichtig, daß Kinder beides erleben: den Grundbestand eines Festes, seinen ursprünglichen Sinn, seine feststehenden und wiederkehrenden Rituale – und die Möglichkeiten, das Fest jeweils mit eigenen Einfällen und Ideen zu gestalten, es zu verlebendigen durch die aktive Beteiligung mit Kopf, Herz und Hand.

Die innere Uhr lesen

Viele Menschen haben heute das Gefühl für ihre »innere Uhr« verloren, die nach dem Rhythmus der Natur geht. Sie haben kein Empfinden mehr für die wechselnden Tages- und Jahreszeiten, für das Spiel des Lichts – alles erscheint ihnen gleich. Ihnen fehlen die Augen für die erwachende Natur im Frühling, für die hochstehende Sonne im Sommer, für die farbigen Blätter des Herbstes und den kalten Charme des Winters. Sie erkennen sich selbst nicht wieder im Lauf der Monate, entwickeln zu keiner Jahreszeit (und auch zu keiner Tageszeit) ein besonderes Zugehörigkeitsgefühl. Sie haben keine Vokabeln, um von ihren Empfindungen zu sprechen, die von der Zeit geprägt sind, ohne daß sie es noch wissen.

Sie leben nach der »äußeren Uhr«, die ihnen die Tageszeit präzise bis auf die Sekunde quarzgesteuert angibt, nach dem Terminkalender, der ihnen ihr Leben weitgehend vorschreibt und es zersplittert. Sie lassen sich antreiben von Rechnern, Maschinen, Instrumenten, weil die Arbeitsverhältnisse es so wollen. Die Zeit, in der alle Erfahrung auf eine Schöpfung und einen natürlichen Kosmos bezogen war und von ihnen her ihren Sinn erhielt, scheint unwiederbringlich verloren. Die Folge war und ist auch in bezug auf das Zeitempfinden ein gravierendes Sinndefizit, die verlorene Freude am schöpferischen Ausdruck. Nur die Gegenwart, die man nie zu fassen kriegt, zählt. Vergangenheit wird zur abgetanen, bedeutungslosen Sache, Zukunft zu einer diffusen Erwartung, auf die viele nur mit Angstgefühlen reagieren können.

Die vielfältigen Formen der Entfremdung des Menschen von seiner »inneren Uhr« und seiner Beziehung zur Schöpfung sind Ausdruck eines Systems, das die Zeiger unserer inneren Uhr abbricht oder zumindest verbiegt. Nur unter Mühen läßt sich bei nicht wenigen Menschen heute die Wahrnehmung und Sensibilität für das, was (auch an Zeit) »verloren«geht, noch auffinden. Sie werden immer sprachloser, nicht nur in bezug auf ihre Umwelt, auch hinsichtlich ihrer eigenen Erfahrung.

Das Bewußtsein von Zeit vieler Zeit-genossen ist nur noch ein solches, das auf Knopfdruck funktioniert und abläuft. In der immer größer werdenden Freizeit sind sie nur mehr fähig, die Rituale des Alltags zu wiederholen. Auf der anderen Seite sind sie so sehr eingebunden in die Produktionsprozesse, daß ihnen jedes Empfinden für einen sinnvollen Umgang mit der Zeit genommen ist. Durch ihren Beruf sind sie beansprucht bis zum äußersten und fixiert auf das Machbare. Das Machbare aber ist Tod – und wer sich dem Mechanismus, welcher mit unsichtbaren Zeigern alle antreibt und bewegt, widerstandlos ausliefert, wer sich selbst auf das bloße sinnfreie Funktionieren unter dem Diktat des Machbaren reduziert, dessen Leben spult sich nur noch ab, ohne Sinn und Halt, der zieht sich aus sich selbst zurück in die vorfabrizierten und ausgestanzten Erfahrungsmuster oder in den besinnungslosen Konsum.

Die Sehnsucht nach Umkehr aus diesem verplanten und verdürftigten Leben, das christliche Tradition »ohne Gott sein« genannt hat, kommt aus der Verzweiflung über das sogenannte Machbare. Die Zeit aber ist nicht machbar, sie ist Ausdruck einer gegebenen Ordnung. Umkehr bedeutet, seinen Richtungssinn zu ändern – und das kann zunächst ganz einfach heißen, die Zeit in ihr ursprüngliches Recht zu setzen, wahrnehmungsfähig zu werden für das Wesentliche und Weiterführende, das jede Zeit zu tun aufgibt:

Alles hat seine Stunde. Für jedes Geschehen unter dem
Himmel gibt es eine bestimmte Zeit:
eine Zeit zum Gebären und eine Zeit zum Sterben,
eine Zeit zum Pflanzen und eine Zeit zum Ernten,
eine Zeit zum Niederreißen und eine Zeit zum Bauen,
eine Zeit zum Weinen und eine Zeit zum Tanz,
eine Zeit zum Steinewerfen und eine Zeit zum Steinesammeln,
eine Zeit zum Umarmen und eine Zeit, die Umarmung zu lösen,
eine Zeit zum Suchen und eine Zeit zum Verlieren,
eine Zeit zum Behalten und eine Zeit zum Wegwerfen,
eine Zeit zum Schweigen und eine Zeit zum Reden.

(aus Koh 3, 1–8)

Das bewußte Erleben der gewachsenen Ordnung des Kirchenjahres kann eine Hilfe sein, seine »innere Uhr« lesen zu lernen, die angibt, welche Zeit welches Handeln erfordert. Wenn diese innere Uhr auf Winter zeigt, um es mit einem Bild zu sagen, ist die Zeit des Kräftesammelns und nicht die des Kräfteverschwendens gekommen. Genauso wichtig kann es sein, symbolisch »den Winter auszutreiben«, um sich neuen Entdeckungen zu öffnen.

Viele Kinder leben heute nach der Fernsehzeit: das Fernsehen sorgt für die zeitmäßigen Einschnitte in das Gefüge des Jahres- und Tageslaufs. Ein zehnjähriges Mädchen wußte auf die Frage, wann Allerheiligen ist und was dieses Fest wohl bedeutet, nur die Antwort: »Dann sind im Fernsehen immer so traurige Sendungen.«

Ist es verfehlt, wenn man sagt, daß Kindern (und Erwachsenen) heute vielfach ein Begreifen für die kosmische Zeit und das darin verstrickte menschliche Leben fehlt? Astronomische Gesetzmäßigkeiten schaffen objektive Zeiteinheiten, die durch den Wechsel von Licht und Dunkel, Wärme und Kälte das Leben beeinflussen.

Aber die Gleichschaltung aller Zeit durch die Neonbeleuchtung läßt Tag und Nacht immer gleicher werden. Kaum ein Mensch in den durchorganisierten Organismen der Städte erlebt die Zeitspanne eines Tages mit seinen hellen und dunklen Stunden *bewußt.* Vielleicht erlebt er noch den Ablauf eines Jahres mit den klimatischen Besonderheiten der vier Jahreszeiten, die astronomisch markiert sind durch die beiden Sonnenwenden zum Beginn von Sommer und Winter und durch die beiden Äquinoktien (Tag und Nacht gleich), die den Frühling und Herbst eröffnen. Er erlebt es vielleicht noch, aber seine Ahnung und sein Wissen darum ist im Industriezeitalter vage und gering. So wichtig es ist, daß sich die Menschen in den ihnen vorgegebenen geographischen Räumen zurechtfinden und einrichten müssen, so unverzichtbar scheint mir ein Bewußtsein davon, eingebettet zu sein in die kosmischen Zeiteinheiten des Tages, der Woche, des Monats und des Jahres.

Ein Verständnis von Schöpfung ist nicht möglich, ohne daß man offene Sinne bekommt für die Zeichen der Zeit, die Zeichen des Heiles.

Eugen Drewermann sieht noch einen Rest dieses Modells für ein Sich-Einfügen in das zyklische Geschehen der Zeit im Kirchenjahr etwa der katholischen Kirche erhalten geblieben – Kirche als Gemeinschaft von Menschen, die den Kreislauf der Zeit als Auftrag zum Heilwerden der Welt und des eigenen Herzens zu begreifen versucht und in der noch etwas aufbewahrt ist von jener paradiesischen Geborgenheit des Anfangs, von der Geborgenheit im Ring der Zeit: »Das Kirchenjahr, der Ritus sind die letzten Fragmente des zerbrochenen Rings der Zeit mit seinem Schutz und seiner Schönheit.«[8]

Plädoyer für das Fest des Kindes

Jede Beziehung zwischen Menschen, die im Fest ihren schönsten und tiefsten Ausdruck erhalten kann, lebt nicht allein vom Vertrauen, von der Atmosphäre der Nähe, des Sinns und der Hingabe. Sie lebt entscheidend von der Gegenseitigkeit. Mit Kindern das Kirchenjahr zu feiern geht nicht, indem man Kindern diese alten Feste einfach vorsetzt, vor-feiert sozusagen. Man kann Kindern sogar ihre ursprüngliche Freude am Festlichen verleiden, wenn man vor ihnen die oft verblaßte Feierlichkeit der Erwachsenen zelebriert. Kinder wollen von jedem Fest Besitz ergreifen, sie wollen ihre eigene Bedeutung in diesem Fest erfahren.

Viele Erwachsene mögen skeptisch werden, wenn ich hier an dieser Stelle dafür plädiere, das Kirchenjahr zur ureigenen Sache der Kinder werden zu lassen. Sie befürchten vielleicht, daß der ganze schwere Ernst, der in den kirchlichen Festen *auch* wohnt, verlorengeht. Ich teile diese Skepsis nicht, weil es meines Erachtens keine Erziehung geben kann, schon recht keine »religiöse«, ohne daß Kinder in die Festlichkeit des Lebens hineinwachsen und daß alle ihre Sinne und Kräfte dabei angesprochen werden.

Was können Kinder dazu beitragen, daß kirchliche Feste lebendig bleiben und immer neue Zukunft erhalten?

□ Kinder tragen Erlebnisse und Einsichten in ein Fest hinein, vom Staunen über das Wunder angefangen bis zur Wahrnehmung eigener ungeahnter Fähigkeiten. Sie geben einem Fest Stimmigkeit, Farbe, Überraschung. Sie geben ihm ein Gesicht.

□ Kinder machen die engen Grenzen einer von Zwecken eingezäunten und verplanten Welt durchlässig. Sie dehnen die Grenzen ihrer Wahrnehmung aus, brechen sie zur Vergangenheit und Zukunft auf, gerade weil sie so verwurzelt in der Gegenwart leben.

□ Kinder fordern zur Stellungnahme heraus, zur Zustimmung und zur Einfühlung in die Welt. Sie verleihen blaß gewordenen Worten neuen Sinn. Viele Eltern wagen überhaupt nur »um der Kinder willen« zu singen und zu beten und christliche Feste zu feiern.

□ Kinder fördern die Selbsterkenntnis. Sie halten der Welt einen hellen Spiegel vor. Und kein Spiegel ist andererseits so untrüglich wie das eigene Kind. Väter und Mütter, die ihm nicht ausweichen, bilden sich darin ab – mit ihrem ganzen Verhalten.

Mit dem Wort »Erziehung« kann die Beziehung nicht hinreichend beschrieben werden, die in den familialen Interaktionen wohnt. Wo Eltern und Kinder einander begegnen, weckt einer beim andern Erfahrungen der Transzendenz, der Freiheit und der Schuld, da werden Ganzheit und Identität konkret. Im gemeinsamen Feiern von Festen können diese Erfahrungen eine tiefe und unaufgebbare Bedeutung erhalten. Diese Wechselwirkung geht im Begriff der Erziehung nicht auf, es sei denn, man versteht darunter die vorsichtige und behutsame »Auslese der wirkenden Welt« (Martin Buber): daß das gezogen wird, was bereits im Wachsen begriffen ist, und daß wächst, wem ein Raum dazu eröffnet wurde. Denn längst bevor ausdrücklich religiöse Vokabeln im Gespräch zwischen Eltern und Kindern eine Rolle spielen, hat »religiöse Erziehung« bereits stattgefunden. Sie ist untrennbar verbunden mit der Beziehung zwischen Eltern und Kindern, mit ausgesprochenen und unausgesprochenen Gefühlen, mit der Atmosphäre in der Wohnung, mit dem Selbstverständnis der Eltern gegenüber dem Kind. Das gilt auch für unser Verhältnis zu den Festen des Jahreskreises, diesen Orten immer wieder erfahrbarer Hoffnung, an denen man wenigstens ein Stück weit wahrnehmen lernt, daß einem Flügel wachsen können, mit denen man sich über die erschöpfte Welt erhebt – nicht um dem Alltag zu entfliehen, sondern um ihm ein menschliches Gesicht zu geben. Darin liegt ein Vorschuß an Glück, den wir einholen können – immer wieder und Jahr für Jahr.

Die Kinderstadt

Es war einmal eine wundersame Stadt. In dieser Stadt lebten nur Kinder. Und auf dem Eingangsschild der Stadt stand geschrieben: »Erwachsene nur mit ausdrücklicher Erlaubnis der Stadtverwaltung!«

Immer wenn ein Erwachsener in die Stadt wollte, mußte er sich langwierigen Genehmigungsprozeduren unterziehen, tausend Anträge unterzeichnen, Erklärungen abgeben, Sicherheiten hinterlegen. Das konnte Jahre dauern, und am Schluß wurde er oft dennoch abgewiesen. Hatte er es aber geschafft, bekam er ein Visum für drei Tage und konnte einreisen. Er durfte nichts mitbringen außer seiner Zahnbürste. Strengstens verboten waren: Schlüssel irgendwelcher Art, Anzug und Schlips, Fotoapparat, Zigaretten, Alkohol und Körperspray. Hatte er endlich alle Eingangskontrollen passiert, bekam er ein Zimmer im Erwachsenenhotel.

In den drei Tagen durfte er sich umsehen, wo er wollte. Aber nie war er ohne Aufsicht. Er erhielt ein in diesen Dingen äußerst erfahrenes Kind als Begleiter, das immer an seiner Seite blieb. Da Erwachsene wegen ihrer Größe natürlich sofort auffallen, wurden sie, wenn sie ohne Begleitung gingen, sofort von der Kinderpolizei, die nur für diesen Zweck da war, aufgegriffen und ausgewiesen. Die Erwachsenen hatten zudem größte Schwierigkeiten, sich an das Stadtleben zu gewöhnen. Dauernd mußte ihr Begleiter eingreifen, sie warnen, ermahnen und belehren. Deshalb hatten die älteren Kinder, die schon schreiben konnten, der Einfachheit halber ein Papier drucken lassen, auf dem Verhaltensregeln standen, die auswendig zu lernen und dem Begleiter ohne Stocken aufzusagen waren:

1. *Du bist Gast in der Kinderstadt. Verhalte dich entsprechend.*
2. *Fluche nie, wenn du dich an Decken und Türen stößt, die zu klein für dich sind.*
3. *Beschwere dich nie über Unordentlichkeit.*
4. *Paß auf, daß du mit deinen dicken Füßen nicht einem Kind auf die Zehen trittst.*
5. *Beantworte alle Fragen, die an dich gestellt werden, auch wenn sie dir dumm vorkommen.*

6. *Sag nie: »Ich habe keine Zeit.«*
7. *Wenn du nicht weißt, was du zu tun hast, denke immer an den Spruch: Vorsicht! Kinder! Dann handelst du immer richtig.*

Hauptzweck der Erwachsenen war es natürlich, herauszufinden, warum es keinen Streit und Zank in der Kinderstadt gab. Viele erwachsene Gelehrte stritten sich über den Grund. Die einen führten es darauf zurück, daß keine bösen Erwachsenen da waren, von denen die Kinder lernen konnten. Andere meinten, es läge irgendein Stoff in der Luft der Kinderstadt, der diese so friedlich machte. Wieder andere behaupteten gar, daß die Kinder in der Kinderstadt keine Menschen seien, denn es gäbe nun einmal keine Menschen, die nicht böse seien. Und noch andere sagten, alles hätte mit den Spielen der Kinder zu tun.

Und Spiele gab es viele in der Kinderstadt. Es gab kaum etwas, was die Kinder nicht spielten. Hauptsächlich spielten sie Erwachsensein, aber der große Unterschied war, daß sie dies nur spielten. Das heißt nicht, daß sie ihre Spiele nicht ernst nahmen. Sie nahmen sie sogar sehr ernst. Aber sie wollten dadurch nicht befördert werden, kein Geld verdienen oder sogar andere quälen.

Hatte der Erwachsene seinen Besuch beendet, mußte er meistens mit einem Trick aus der Stadt gebracht werden, da er diese für nichts in der Welt wieder verlassen wollte. Man erklärte ihm deshalb einfach, daß die Erwachsenen inzwischen auch so eine schöne Stadt gegründet hätten. Aber davon war natürlich kein Wort wahr.

Anmerkungen

1 Vgl. das gleichnamige Buch von *Ludwig Weimer:* Die Lust an Gott und seiner Sache. Lassen sich Gnade und Freiheit, Glaube und Vernunft, Erlösung und Befreiung vereinbaren? Freiburg/Basel/Wien 1981.
2 *Hubertus Halbfas:* Die geistigen Defizite. Kritischer Rückblick auf 10 Jahre religionspädagogischer Arbeit, in: Katechetische Blätter 106 (1981) 257 f.
3 *Otto Betz:* Religiöse Erfahrung. Wege zur Sensibilität. München 1977, 32.
4 Vgl. *Bernhard Casper:* Alltagserfahrung und Frömmigkeit, in: Christlicher Glaube in moderner Gesellschaft, Band 25, Freiburg/Basel/Wien 1980, 39–72.
5 Vgl. die Literaturhinweise zur Theologie des Festes im Anhang dieses Buches.
6 *Dieter Trautwein:* Mut zum Fest. Entdeckungen, Anstöße, Beispiele für Familien, Gruppen und Gemeinden. München 1975, 10.
7 *Gerhard Marcel Martin:* Fest und Alltag. Bausteine zu einer Theologie des Festes. Stuttgart/Berlin/Köln/Mainz 1973, 22.
8 *Eugen Drewermann:* Der verlorene Ursprung und die verheißene Hoffnung, in: rhs 25 (1982) 19.

Literaturhinweise

Dieses Buch bringt nur eine allererste Einführung in das Kirchenjahr. Wer sich gründlicher damit beschäftigen möchte, sollte auf folgende Bücher zurückgreifen:

★ *Zum Kirchenjahr*

Adolf Adam: Das Kirchenjahr mitfeiern. Seine Geschichte und seine Bedeutung nach der Liturgieerneuerung. Freiburg/Basel/Wien 1979 (Herder-Verlag).

Sybil Gräfin Schönfeldt: Das große Ravensburger Buch der Feste & Bräuche. Durch das Jahr und den Lebenslauf. Ravensburg 1980 (Otto Maier Verlag).

Durch das Jahr, durch das Leben. Hausbuch der christlichen Familie. München 1982 (Kösel-Verlag).

Kurt Rommel: Anker, Bibel, Christuszeichen ... Wegweiser durch die Kirche – Begriffe, Feste, Gegenstände und Symbole. Stuttgart 1981 (Quell Verlag). – ev.

Gerhard Hennig (Hrsg.): Feste feiern im Kirchenjahr. Stuttgart 1974. – ev.

Erhard Bauer/Christel Opferkuch: Das Kirchenjahr lädt uns ein. Kinder- und Familiengottesdienste. 1982 (Religiöse Bildungsarbeit).

Klemens Richter: Was ich vom Kirchenjahr wissen wollte. Zu Fragen aus der Gemeinde von heute. Freiburg/Basel/Wien 1982 (Herder-Verlag).

Johannes Schlosser: Urbilder – Schlüssel zum Kirchenjahr. Hilfen zur christlichen Festgestaltung. Regensburg 1981.

★ *Zu Symbolen und zur Symbolerziehung*

Manfred Lurker: Wörterbuch biblischer Bilder und Symbole. München 1973, ^{2}1978 (Kösel-Verlag).

Gerd Heinz-Mohr: Lexikon der Symbole. Düsseldorf und Köln 1981.

Gertrud und Norbert Weidinger: Gesten, Zeichen und Symbole im Gottesdienst. Handbuch für die Ministranten- und Jugendarbeit. München 1980 (Kösel-Verlag). Dazu erschienen sind unter dem gleichen Titel 32 Dias mit Begleitheft für die Jugend- und Erwachsenenarbeit. München 1981 (Kösel-Verlag).

Hermann Kirchhoff (Hrsg.): Ursymbole – und ihre Bedeutung für die religiöse Erziehung. München 1982 (Kösel-Verlag).

Margarete Niggemeyer (Hrsg.): Christwerden – wie geht das? Vom Wegcharakter des Glaubens. Mit Beiträgen von Margarete Niggemeyer, Jan Heiner Schneider und Johannes Thiele. München 1982 (Verlag J. Pfeiffer).

★ *Zu Lebenskultur, Sinnhaftigkeit und Sinnlichkeit*

Otto Hermann Pesch (Hrsg.): Mehr Leben als du ahnst. Vom christlichen Umgang mit Menschen und Dingen. Mainz 1980 (Matthias-Grünewald-Verlag).

Otto Betz: Zustimmung. Eine Einweisung in Sinnhaftigkeit und Sinnlichkeit. München 1973 (Verlag J. Pfeiffer).

Otto Betz: Berührungen. Vom aufmerksamen Leben. München 1975 (Verlag J. Pfeiffer).

★ *Zum Feiern christlicher Feste*

Dieter Trautwein: Mut zum Fest. Entdeckungen, Anstöße, Beispiele für Familien, Gruppen und Gemeinden. München 1975 (Chr. Kaiser-Verlag). – ev.

Heinz-Manfred Schulz: Wenn Gottesdienst Freude macht. Aus den Erfahrungen einer Gemeinde. Mainz 1977 (Matthias-Grünewald-Verlag).

Heribert Arens: Wi(e)der die Steinzeit. Modelle für Predigt, Gemeindearbeit und Katechese. München 1981 (Verlag J. Pfeiffer).

Lothar Zenetti: Gästebuch des lieben Gottes. Gemeinde zwischen Wunsch und Wirklichkeit. München 1975 (Verlag J. Pfeiffer).

Elisabeth Achtnich u. a.: Feste in der Kindergruppe. Anlässe – Vorbereitungen – Ideen für Kinderfeste. Gelnhausen 1980 (Burckhardthaus-Verlag, Reihe 8–13).

★ *Zur Theologie des Festes*

Gerhard Marcel Martin: Fest und Alltag. Bausteine zu einer Theologie des Festes. Stuttgart/Berlin/Köln/Mainz 1973 (Urban-Taschenbücher Band 604, Kohlhammer-Verlag). – ev.

Eckart Otto/Tim Schramm: Fest und Freude. Stuttgart/Berlin/Köln/Mainz 1977 (Kohlhammer-Verlag, Reihe »Biblische Konfrontationen«). – ev.

Harvey Cox: Das Fest der Narren. Das Gelächter ist der Hoffnung letzte Waffe. Gütersloh 1977 (Gütersloher Taschenbücher Siebenstern 216).

Jürgen Moltmann: Die ersten Freigelassenen der Schöpfung. Versuche über die Freude an der Freiheit und das Wohlgefallen am Spiel. München 1971 (Chr. Kaiser-Verlag, Reihe Traktate, Band 2). – ev.

★ *Zur religiösen Erziehung*

Johannes Thiele/Rudolf Becker (Hrsg.): Chancen und Grenzen religiöser Erziehung. Düsseldorf 1980 (Patmos-Verlag).

Hubertus Halbfas: Der Sprung in den Brunnen. Eine Gebetsschule. Düsseldorf 1981 (Patmos-Verlag).

Albert Höfer/Johannes Thiele: Spuren der Ganzheit. Impulse für eine ganzheitliche Religionspädagogik. München 1982 (Verlag J. Pfeiffer).